龍谷叢書 35

仏教国際ネットワークの
源流

――海外宣教会(1888年～1893年)の光と影――

中西直樹　著
吉永進一

三人社

目 次

序章　海外宣教会から仏教モダニズムまで　　吉永進一　3

第一章　海外宣教会とその時代　　中西直樹　15

はじめに　16
1　欧米通信会から海外宣教会へ　17
2　海外宣教会創設者の群像　21
3　初期の海外宣教会とハワイ布教計画　29
4　支援者の減少とハワイ布教の挫折　35
5　フランス布教計画と九州仏教勢力との提携　40
6　英語仏書施本事業と海外宣教会の消滅　45
おわりに　50

第二章　仏教ネットワークの時代
——明治20年代の伝道と交流——　　吉永進一　63

はじめに　64
1　「欧米仏教」　66
2　三人のアメリカ人仏教徒　69
3　オルコット招聘と仏教復興　76
4　海外宣教会　81
5　『海外仏教事情』と THE BIJOU OF ASIA　84
6　執筆者たち　87
7　フォンデスの伝道と欧米仏教の終焉　90
8　欧米仏教と新仏教　95

第三章　明治期九州真宗の一断面
　　　──通仏教的結束から世界的運動へ──　　中西直樹　111

　はじめに　112
　1　熊本における三業派と聞信派の対立　113
　2　酬恩社と法住教社の協調性の醸成　120
　3　九州仏教団と通仏教的勢力の結集　127
　4　九州仏教倶楽部と万国宗教会議　138
　おわりに　146

第四章　大拙とスウェーデンボルグ
　　　──その歴史的背景──　　吉永進一　155

　はじめに　156
　1　懐疑と経験　157
　2　明治20年代のスウェーデンボルグ　163
　3　大拙とスウェーデンボルグ　169
　4　大拙のスウェーデンボルグ論　172
　5　宗教から迷信まで　178
　結語　183

参考資料　193

　『海外佛教事情』総目録　195
　『THE BIJOU OF ASIA（亜細亜之宝珠）』総目録　226

あとがき　229

序章

海外宣教会から仏教モダニズムまで

吉永進一

最初に明治20年代に行われた三つの仏教演説を引用してみたい。

1「東洋諸国に十余種の宗教有りと雖も概して釈迦其人一人より祖述したるものにあらずや今仏教の挽回を謀るには種々なる党派に別るのは決して宜しき事ではない是非釈迦其人一人を祖となす可き東洋仏教の大同団結を実行せねばならぬ今ま耶蘇教なる猛火起りて此村落を焼かんとするに何とて部落異なれりとて安閑とす可き時ならんや相共に同心協力して之を消防し之を除却するの必要あるでないか（拍手）」1)

2「要するに善心を養い功徳を積み欲を制し苦を離る是れ即ち仏教なり吾人天人の啓示を要せず奇蹟異能を須いず善は即ち善なるが故に之を行い己を利し人を利す何んぞ他の命令を待たん…現時の如き物質的私欲的の世に在って仏教の主義を実行すること尤も必要を感ずるなり云云（喝采）」2)

3「斯くまでお心懸けの善い基督教国が。条約締結以来四十年間我日本四千萬生霊の。権利と利益を侵害したのは何の意趣遺恨あって然る乎。私はトント合点がまいりませぬ。」（三千の聴衆総立となり。手巾を振て慚愧々々と大叫す。）3)

　1は明治22年2月12日、京都知恩院の千畳敷にあふれんばかりの聴衆を集めての演説会で、神智学協会々長ヘンリー・スチール・オルコットがキリスト教に対抗するアジア仏教国の連合を説いた箇所であり、2は、海外宣教会ロンドン支部長のアイルランド人チャールズ・フォンデスが明治23年頃、ロンドンで行った仏教演説の一節である。そ

して最後は、1で通訳を務めた平井金三が、明治26年シカゴの万国宗教会議で行った演説のクライマックスである。

　場所は京都、ロンドン、シカゴと異なるが、これらの演説すべて元は英語でなされた。いずれも京都で発行された冊子から引用したものである。つまり、京都を発信源として、一般の仏教者が海外での仏教情報に関心を寄せていたことを意味する。

　このような仏教の国際化の時代は、明治20（1887）年の『反省会雑誌』創刊に始まり、明治26（1893）年のチャールズ・フォンデス来日、シカゴ万国宗教会議、そして『海外仏教事情』の休刊で終わる。拠点となったのは西本願寺の普通教校と私立の英学校オリエンタルホールという、いずれも京都の教育機関である。オリエンタルホールの館主平井金三は、明治22年のオルコット招聘を組織し、明治25年からは渡米してアメリカへの最初の仏教伝道を行っている。普通教校を拠点として結成された海外宣教会は、欧米への文書による仏教伝道を試みた最初の団体であり、日本で最初の英字仏教紙を出版し、フォンデスによるロンドン最初の仏教伝道を支援した。一部のエリート僧侶だけでなく、一般信者のレベルにまで海外「仏教」の情報が伝わったのは空前の事件であり、規模としても絶後のことになる。

　例えば、1の演説に始まってオルコットは日本各地で演説旅行を行っているが、それがいかに盛況であったか、20年近く後に、朝日新聞の匿名記者は以下のように回顧している。

　「当時オ氏の声名は日本全国に響き渡り今迄は仏のぶの字を聞いてさえ胸悪がっていた輩まで一度氏の演説を聞いては其場で仏門に帰依するもの毎日数十を下らず機敏なる書肆は直に氏の演説集を発行して思わぬ利益を得大阪の篤信者河合如風なる人氏の肖像を石板摺にして発売したが旬日ならずして五千枚を売尽したという」[4]

　しかし、明治27年以降、急速に国際熱は冷める。海外仏教との連携や神智学の受容など、一部の知識人仏教者は仏教改革へ向けてさら

に先鋭化、内面化した議論を続けるものの、欧米やアジア仏教者との組織的な交流や伝道は尻すぼみになっていき、従軍布教、台湾などの植民地への伝道、あるいは日系移民への伝道に主軸が移っていく。恒久的な組織や運動をほとんど残さなかったという点では、この国際熱は「失敗した」ブームであり、仏教史では近年までほとんど語られることのなかった時代である。

しかし、逆に言えば、それほど突出してこの時代が海外仏教者との交流に熱中した時代であったのは何故かということになる。いくつかの理由はあるだろうが、四点ほど指摘しておきたい。

ひとつには、明治期前半の日本仏教への危機感がある。たとえばパーリ語仏典を学ぶためにスリランカに留学した釋宗演は、出発前から以下のような感想を抱いていたという。

「我国仏教の腐敗今日より太甚しはき（ママ）莫し若し夫れ今日の仏教を目して仏法の本性なりと云わば凡そ社会を蠧害する仏教に若くものあらざるべし然れども今の仏法は変形の仏法のみ宜しく進んで改良の策を講じて仏氏の真義を祖述せずんば終に不測の淵に淪落する」[5]

こうした危機感と裏腹に、仏教界では、明治10年代後半になると欧化主義への反動としての破邪顕正（反キリスト教）や国粋主義的傾向が強まる。時代は日清戦争前夜にあたる。帝国憲法発布と日清戦争に挟まれ、欧米列強に並ぶために日本が帝国主義への階段を駆けあがっていた時期である。不平等条約改正の必要もあって、欧米列強から「文明国」という認証を得ようと躍起になっていた時代でもあり、仏教側にとっても「欧米からの承認」という戦略は効果的であったのが明治20年代前半である。井上円了が西洋哲学を利用してキリスト教を攻撃したこと、オルコットのような白人仏教者が喝采を博したのは、そういう風潮に助けられたからである。

第二には、仏教結社活動が盛んだったことがあげられる。明治前期

の仏教復興運動が「旧教団体制の拘束を離れる形で僧俗一体」の結社運動によって下支えされていたことは、すでに池田英俊の研究にも詳しいが、彼によれば、諸宗派共同の仏教結社は明治12年の和敬会から明治22年まで224社を数え、全国規模のものもいくつかあったという。年ごとの設立数は、明治17年に52社でピークを迎え、明治21年に23社、22年に1社であり[6]、明治20年代後半、宗門への権力の集中が進むにつれて結社数は激減するが、海外宣教会はこうした結社ブームの末尾に位置する団体であったということになる。海外宣教会と、それをバックアップした九州仏教団のような団体については中西論文を参照されたい。ちなみに釋宗演のスリランカ留学を決心させたのは、有名な居士仏教者で全国規模の仏教結社明道協会を主催していた鳥尾得庵である。

　第三に海外、特にスリランカとの関係である。明治前期、日本仏教者が海外へ渡航した例は多く、東西本願寺幹部による視察旅行、南条文雄や釋宗演などによるヨーロッパや南アジアへの留学、小栗栖頂香のアジア布教の試みなどがある。先に挙げた釋宗演のように、パーリ語経典を保持するスリランカが比較的多くの留学生僧侶を集めたが、この国が注目を集めた理由はもう一つある。釋宗演はスリランカの現状について、国家の保護がなく、信者の支えもなく、前門のキリスト教、後門のイスラム教に圧迫されている[7]と述べて、その将来に悲観的な評価を下しているが、他方では日本よりいち早く仏教復興を達成した国という見方もあった。これは1880年代以降の欧米での仏教流行を推し進めた神智学協会が関係している。同会の会長であったオルコットは、英文の『仏教問答』を出版してベストセラーとなり、仏教系の学校の設置に尽力している（スリランカで政府助成を受けた学校中、仏教系は1880年に0.4％であったものが、1900年には15.5％に上昇している）[8]。さらに彼は若きダルマパーラを引き立てて、最後には仲たがいしたものの、仏教復興運動を次世代につなげることにも

成功している。京都において、ミッション系英学校(とりわけ同志社)に対抗して仏教系の英語教育を行うといった、オルコットと同様の活動を行っていた平井金三は、彼の功績を評価し、日本仏教復興の起爆剤として招聘に至ったのである。

しかし、釋宗演は、西南仏教が復興するための方法は、西洋への伝道だと考え9)、オルコットをアジア仏教復興の鍵ではなく、西洋への仏教伝道の鍵であると見ていた。海外仏教者の招聘よりも海外伝道という戦略は、オルコット来日を冷ややかな目で見ていた海外宣教会(来日後は態度を一変させるが)にも通じる意見であり、釈だけの持論ではなかった。それがある程度説得力を持ったのは、第四の要因である、欧米での仏教流行がある。

ビクトリア朝の欧米では、ある程度の仏教流行があった。その流行をもたらしたものにはマックス・ミュラー、リス・ディビスなどの仏教学者による研究や、エドウィン・アーノルドによる仏陀を主人公にした長編詩『アジアの光』などの文芸作品もあるが、組織として最も影響力をもったものは神智学協会であろう。1875年に設立された同会は、インドに本部を移し、創立者のロシア人女性ヘレナ・ペトロヴナ・ブラヴァツキー、オルコットが仏教徒に改宗している。東西のオカルティズムや宗教思想などから神智学思想を作りあげたブラヴァツキーは、超能力を有するヒマラヤの聖者(マハトマ)に思想を学んだと称し、その思想を「秘密仏教」esoteric Buddhismと呼び、彼女の(あるいは、マハトマの)思想をまとめたA・P・シネットの『秘密仏教』*Esoteric Buddhism*が1883年に出版されている。ブラヴァツキーの秘密仏教はアジアの仏教とはかなりかけ離れたものである。また神智学の前提では、すべての宗教は古代に共通の源をもつとされており、現在の仏教も堕落した点では他の宗教と差はない。ブラヴァツキー自身も仏教と神智学は異なると弁明している。しかし実際には神智学思想はアジア仏教と混同されながら流行した。これはアジア仏教には不利益

もあったが、利益となる点は多かった。なぜなら神智学協会はすでにアメリカ、ヨーロッパ、インドに及ぶ国際ネットワークを完成させており、それを介して他の仏教者と連絡できたからである。その代表的な例が、海外宣教会の成立であった。アメリカ神智学協会々長ウィリアム・Q・ジャッジに送った手紙が契機となり、世界各地の神智学徒からも手紙を受けとっている。その中にはダルマパーラ、日本在住経験があり仏教に詳しいチャールズ・フォンデス、そして神智学に影響を受けたスウェーデンボルグ主義者ハーマン・カール・ヴェッターリング（Herman Carl Vetterling）(1849-1931) がいた。ヴェッターリングは、フィランジ・ダーサという別名で、1889年、カリフォルニア州サンタ・クルースでアメリカ最初の仏教雑誌*Buddhist Ray*を創刊している。ビクトリア朝の仏教流行は、20世紀に入ると勢いを減じていくが、その後の欧米での仏教の展開において重要な出発点となっている。ただし、海外宣教会と関係の深いダーサとチャールズ・フォンデスは、神智学徒と同じ社会的場にいたが、同時に神智学仏教への批判者であった（ダルマパーラも後にオルコット批判へ回る）。次第に神智学ネットワークから仏教独自のネットワークが誕生し始めるが、海外宣教会はその一角を占めていた。

　初期の自称仏教者たちの仏教は、確かに日本の仏教とは大きく異なっていた。とはいえ。平井金三のアメリカ批判がアメリカ人の喝采を受けたように、海外の仏教者と日本の仏教者の間にも共通するものがあった。キリスト教批判は言うまでもないが、たとえば禁酒である。ダルマパーラ、ダーサらも飲酒を非難しており、普通教校には禁酒団体である反省会があった。あるいは仏教の社会貢献という点をダーサは強調するが、これも同時期の日本仏教の近代化では盛んに議論されていた。そして、欧米の自称「仏教者」も、スリランカのダルマパーラも、日本の仏教青年たちも、宗教改革という点では意見を同じくしていたことは忘れるべきではないだろう。

ここで、現代の欧米仏教から見た、この国際ネットワークの時代の意義について触れておきたい。
　現在、欧米では仏教に関心をもつ人々は増えている。しかし、その仏教は必ずしもアジアの仏教をそのまま継承したものではない。たとえば、2013年、仏教雑誌 *Tricycle* のブログに、「10の誤解」と題する記事が掲載され、「すべての仏教徒は瞑想する。すべての仏教徒は菜食主義者である。すべての仏教徒は平和主義者である。仏教は哲学であって、宗教ではない。仏陀は人間であり、神ではない。彼のはじめた宗教には神々の崇拝の入る余地はない。すべての霊的な伝統は、仏教も含めて、同じ山頂を目指す異なった道である。」などは欧米人仏教徒の誤解であると戒めている。
　これらの「誤解」は、アジア仏教への無知に由来するというよりも、欧米人の仏教への理想や期待を映し出したものであり、むしろ欧米仏教の最大公約数と言ってもいいだろう。こうした仏教理解を、仏教学者マクマハンは「仏教モダニズム」という名で呼び、次のように説明している。

　「西洋における仏教の一般的なイメージといえば、瞑想や緊張の緩和、心の探求や憐憫を強調する宗教もしくは哲学、といったものである。このイメージに従えば、仏教は厳格なルールを持たず、ドグマ的・儀礼的ではなく、創造性や思想の自由を促進し、近代的世界観と矛盾することなく、それ自身が宗教というよりもむしろ内面の科学、ないしは「スピリチュアリティ」に近い。それはまた、民主的であり、社会的・政治的な自由や人権、環境行動主義を支持する、ともされる。しかしながら、西洋人の仏教探究者がアジアの典型的な仏教寺院や巡礼の現場に行ってみれば、多くの儀礼や仏像の前での礼拝、神話的な宇宙観や魔術や天国・地獄への信仰、祈禱や供儀に応える仏陀や菩薩・守護霊・幽霊・悪霊など目に見えぬ存在の氾濫が、大多数の仏教徒の

宗教実践には必然的に伴っていることに、しばしば驚くことになる。」
10)

　仏教モダニズムと自称する実体や運動があるわけでもなく、また定まったテキストがあるわけでもない。ただ、たとえば、上座部仏教のヴィッパサナー瞑想を実践し、ベトナム僧侶のティク・ナット・ハンとチベット僧ダライ・ラマの著作を読むといったように、伝統にとらわれず、瞑想を実践し、多くの場合菜食主義で、社会意識が高いといった、似たような傾向性を持つ一群の人々がいる。そのような人々の読む仏教書は主に英語文献によって普及しているが、日本などのアジア圏にも翻訳を介して受容されるなど、グローバルな広がりを見せている。

　マクマハンは、仏教モダニズムの源流に鈴木大拙（そしてその師匠の釋宗演）とスリランカのアナガリーカ・ダルマパーラを置いている。仏教モダニズムは、西洋人の誤解した仏教ではなく、アジア仏教側とりわけスリランカと日本が生み出した新しい仏教を発展させたものであり、さらに遡れば、大拙を含むアジアの近代仏教が西洋哲学、東洋学、宗教学などの西洋文化の影響下で生まれたものである。マクマハンは、その点を次のように要約している。

　「この類型は、すでに示唆したように、数千年にわたってアジアで実践されてきた仏教の多様な姿を描写したものではないし、単なる西洋の幻想でもない。それはむしろ、西洋近代の主要な言説や実践と、仏教の特定の要素とが結びついた、ハイブリッドな宗教的・文化的形態なのである。「仏教モダニズム」とはそのとき、ヨーロッパ啓蒙主義や科学的合理主義・ロマン主義やその後継者・プロテスタンティズム・心理学、そして近代的社会・政治思想といった近代における支配的な文化的・知的思潮と結びついて形成された、仏教の多様な

形態のことを指している。西洋の影響を受けたとはいえ、それは単なる「西洋的仏教」ではない。むしろアジア人と西洋人によって創造された運動の、一種のグローバルなネットワークであり、単一特定の地理的・文化的背景によって排他的に作り出されたものではないのである。」11)

　仏教モダニズムは、鈴木大拙のような、具体的にも思想的にも、アジアと欧米とを往還する人物によってその礎石を置かれた——ここまでは、マクマハンに限らず、多くの欧米の研究者が認めているところである。
　これを日本仏教史に照らしてみれば、鈴木大拙は歴史の中に孤立した存在ではなく、渡米前の彼は、明治20年代の仏教青年の一人であった。その周辺には、古河老川をはじめとする多くの若手仏教改革論者がいたのであり、大拙本人も『新仏教』運動の関係者であった。大拙のようなグローバル化していく仏教は、井上円了、清沢満之、中西牛郎などに連なる、西欧思想を学んだ革新的仏教徒の流れの一角であった。つまり、仏教モダニズムの淵源を辿れば、その源のひとつは西欧思想を吸収して近代化していった日本仏教にある 12)。
　その際、日本仏教に影響を与えた西洋思想として、スペンサーやショーペンハウアーなどの哲学、マックス・ミュラー、リス・デイヴィスなどの東洋学についてはすでに指摘されてきた。これらの学知はその後も大学を通じて伝えられ、継続的に影響を及ぼし続ける。他方、海外宣教会の時代に盛んに紹介され、その後忘却されたものが、先に名前のあがった神智学やスウェーデンボルグ主義である。これらは、仏教の専門家ではなく、欧米の一般人が、より実践的、実存的な次元で仏教を理解しようとした際に仏教への入口となった。特に鈴木大拙の場合、ポール・ケーラスやウィリアム・ジェイムズのような哲学思想だけでなく、スウェーデンボルグの思想からも深く影響を受けてい

る。明治43年、大拙はスウェーデンボルグの『天界と地獄』を翻訳し、その後もスウェーデンボルグについてたびたび言及している。

　先に述べたように、海外宣教会の最も熱心な寄稿者フィランジ・ダーサによって、スウェーデンボルグ主義を仏教とする見方は明治20年代にはかなり流布していた。明治40年代以降の大拙のスウェーデンボルグ論は、明治20年代の仏教ネットワークの時代からはじまる仏教徒スウェーデンボルグ思想の出会いから、仏教モダニズムにつながる長い歴史の一コマに位置づけることができよう。本論集の最後に他とはやや調子の異なる論文「鈴木大拙とスウェーデンボルグ」を収録したのは、国際ネットワークの時代の思想的な帰結を提示するためである。

　日本仏教の周辺に短期間出現した国際ネットワークは、一方では真宗内部の民衆的な仏教運動のエネルギーと、他方では欧米の仏教シンパたちの日本仏教への過剰ともいえる思い込みと関与によって構築された。そのネットワークは短期間であったとはいえ、近代の仏教思想に大きな影響をもたらした。本論集は、それを運動と思想、日本ローカルと海外の側から分析してみようという、複眼的なアプローチの試みである。

〔註〕
1)『仏教四大演説集』（東洋堂、1889）10、11頁。出版人は平井金三と協力してオルコットを招聘した佐野正道である。
2)『普氏仏教演説集』（興文堂、1893）35、36頁。
3) 平井金三、大原嘉吉訳『万国宗教大会演説』（顕道書院、1894）14頁。平井の凱旋帰国を記念して、松田甚左衛門らの旧顕道学校関係者が施本したもので、「旧顕道学校在籍有志中」が施主となっている。文章は大原嘉吉訳『万国宗教大会演説集』（金川書店、1893, 1894）。
4)『朝日新聞』1907年12月15日。文中、野口善四郎を普通教校教員とする過ちもあるが、オルコットの講演場所は把握している。
5) 釋宗演『西南之仏教』（伊東直三、1889）4頁。原文旧字カタカナ。慶應義塾の同窓で発行人である伊東直三による跋文より。
6) 池田英俊『明治仏教教会・結社史の研究』（刀水書房、1994）104頁。
7)『西南之仏教』86頁。
8) 川島耕司「文明化への眼差し：アナガーリカ・ダルマパーラとキリスト教」『国立民族学博物館調査報告』62号（2006）90頁。
9)『西南之仏教』88頁。
10) 末木、林、大谷、吉永編『ブッダの変貌』（法蔵館、2014）386頁。
11)『ブッダの変貌』387頁。
12) ただし、末木文美士は、仏教モダニズム論を評して、それで日本の近代仏教のすべてに当てはまらないと論じている。つまり、近代仏教を構成する要素は、精神主義や新仏教のような近代主義的な仏教だけではなく、近代によって再編された伝統的仏教の部分も大きいのではないかという指摘である。海外宣教会の歴史を見れば、一方で欧米との交流という近代主義的な部分もあれば、他方でそれを経済的に支えていたのは、結社運動という宗門の再編成と競合していた伝統に根ざした部分である。宣教会は、そのような二つの流れのはざまにあった。

第一章

海外宣教会とその時代

中西直樹

はじめに

　日本仏教の海外への布教事業は、1873（明治6）年、小栗栖香頂が真宗大谷派から「支那国布教掛」に任じられ、中国布教に着手したことに始まるとされる。その後大谷派は、76年に上海別院を創設し、さらに翌77年には、奥村圓心らを釜山に派遣して朝鮮布教にも着手した。しかし、こうした大谷派の対外活動には、当時の大谷派内外の特殊な事情が大きく関わっており、総じていえば、日本仏教各宗派の当局者の海外布教に対する意識は低調であったということができる[1]。明治初年の廃仏毀釈により大きな打撃を受けた仏教各宗派の執行部にとって、最大の関心事は封建期以来の国内での教団勢力の維持・回復にあり、海外布教もそのための施策の一環として考えられていたに過ぎなかった。このため、莫大な経費を必要とする割に、成功の可能性と国内向けのアピール度が低いと判断された海外布教には消極的であり、日清戦争後に日本人の海外進出が本格化するまで、海外布教に本腰を上げることはなかったのである。

　こうしたなか、1880年代後半に、世界の仏教者との緊密な交流と海外布教の実施を目指して、浄土真宗本願寺派設立の普通教校の教職員・学生を中心に組織されたのが海外宣教会であった。海外宣教会は実際に海外布教事業を行うことなく数年で消滅していったが、その機関誌『海外仏教事情』の刊行を通じて海外における仏教の情報を広く国内に紹介し、日本仏教界に大きな影響を与えた。また『THE BIJOU OF ASIA（亜細亜之宝珠）』を発刊して世界各地に発送し、海外の仏教者と積極的に通信・交流した。その活動は、日清戦争を契機として、国家の海外戦略を念頭に置いて本格化した教団主導の海外布教とはいささか相違する方向性を有しており、①宗派の枠を超えて日

本仏教界としての結束を目指した点、②海外の仏教勢力との連絡・提携も志向していた点、③海外布教の実施を日本仏教の改革と一体のものと認識していた点などに、その特質を見出すことができよう。

　本稿では、この海外宣教会の特質に着目しつつ、海外宣教会の設立から消滅に至る経緯とその時代状況などについて整理したい。

1　欧米通信会から海外宣教会へ

反省会との関係

　1885（明治18）年4月に開校した普通教校の気風には斬新なものがあったとされるが[2]、その気風を代表するのが反省会であり、海外宣教会はこの反省会と極めて近い関係にあった。87年8月に反省会は『反省会雑誌』創刊号を発行したが、同じ頃に海外宣教会の前身である「欧米通信会」が結成されている。そして、『反省会雑誌』創刊号に「欧米通信会趣意書」が附録として配布された[3]。

　さらに翌1888年1月発行の第2号からは、「欧米（仏教）通信会報」が『反省会雑誌』に毎号附載されるようになった。また同年7月には、英文雑誌『THE BIJOU OF ASIA（亜細亜之宝珠）』が創刊されている。翌月発行の『反省会雑誌』には、欧米通信会を「海外宣教会」に改組する旨が告示され[4]、同時に「海外宣教会趣意書」と「海外宣教会規則」が附録として配布された。

海外宣教会趣意書

　『反省会雑誌』附録の「海外宣教会趣意書」はかなりの長文のものであるが、海外宣教会の創設に関わる重要な資料であるため、以下にその全文を引用しよう。

　　　　　　海外宣教会創設趣意書
　回顧すれは今より一週年前米国に仏教伝播せりとの新報一たひ

魯西亞新聞の紙上に現出せしを我国官報已下諸大新聞に之を訳載せしより当時世間の読者をして彼の地にも亦仏教を奉するものありやとの疑念を抱かしめしか我輩は其事の虚実を確かめん為めに故らに昨年三月七日を以て一書を米国神智学会社に寄せしに同五月十九日に到り同会社総理ウ井リヤム、キユーヂヤッチ氏は希望と勧励とを以て溢れたる懇切なる書信を投して其事の虚ならざるを報し併せてその発行せる所のパツス雑誌を送致せり是より先き印度地方に於ては夙に通信の道を開きしも欧米諸邦と仏教上特珠の通信を開くに至りしは之を以て嚆矢となす爾来我輩が欧米仏教通信会なるものを設け各地に書信を発したるは数十回に過きさりしも海外諸国到る処に日本仏教徒活動の初期に接したるを新聞に雑誌に吹聴したりしかば其反応は海外数多の同朋者をして争ふて新聞を送り書信を通し有益の書籍を贈るもの陸続として絶へざるに至らしむ中に就て其最も懇切なるは北米合衆国の新兄弟にして全世界中殊に熱信なりと称する基督教国に於て幾百千の唯神論者に対峙して大胆にも仏教徒の名に依り仏教西伝の新方面を開き純粋なる仏教新聞に仏光新誌と名るものを発兌し我が大乗仏教の妙埋を顕揚することに尽力し或は隠闇の間に耶蘇新教派を導きて改宗せしめんとするあり或はスイーデンボリ派の仏教主義を唱導するあり而して米国中至高至大の感化力を有する神智学の名に依り仏教の奥理を領会せしめんとする神智学会社の如きあり実に太平洋対岸国新兄弟の挙動活発なる我が日本仏教徒の沈静恬淡なるに同しからずこの外南洋濠洲の改宗者より以て大英龍動の仏書出版会社及び羅馬巴里の神智学者に至り各書信を致し教義に関する問案を寄す杯其事日に多きを加ふ是に於てか我輩は先きに亞細亞之宝珠と名くる一英字新聞を発行し以て書信の労を省き聊か日本仏教徒たるの責任を尽さんことを企図せり微力及ふなしと雖もその

影響好果は日ならすして全世界同主義者乃満足を得るに庶幾からんかこれ我か欧米仏教通信会か四百有余日の間に辛苦経営したる事業の経歴たるを知るべきなり

嗚呼久しく東洋亞細亞の一地方に蟠踞したる仏教が文明の光輝と共に欧米諸国の学者紳士の欽慕渇仰する所と為り均しく釈尊真教の支配の下に立ゝんことを欲するもの日に増加する事実の多きを見て我輩仏教徒たるものは只管仏光照耀の遍きと其冥護の厚きとを感泣奉謝せずんばあるべからず海外已に如是の情況を呈し殊に米国の如きは常に我輩に向て完全なる伝教者其人の欠乏を告訴して止まず若し今にして海外人士の意を満足するの准備を為す事能はず逡巡日を送り沈黙して止まば我か仏の真教海外に伝播する果して何の日をか待たん彼の印度の仏教徒を見よ彼等は自ら其信徒少数にして且貧弱なるを告白するにも拘らず南方仏教の一宗基により頻りに英語の新聞雑誌を刊行して弘教の機関とし着々希望の中心に向て其進行の運転を試めり何ぞそれ勇為なるや日本の仏教衰へたりと雖も尚国民の多数を占領するに非すや其教義の如きも平等利他の摂化を主義とする大乗教に非すや然るを自調自度を以て旨とせる小乗仏教徒の後に瞠若たるか如きは我輩日本仏教徒たるもの豈慚懼の至ならすや

是に於てか我輩無似の身を顧みず鋭意海外に吾が日本仏教の妙理を宣伝せんとする一大願望を発起せり然れどもその事業の容易ならざるその資力の多額を要する亦喋々を待たざる所なり因て我輩審議熟談十数回に渉るも容易に之を決すること能わず或は之を遷延せんか我輩已に其願望を有し其機運に遇へり豈一日も躊躇すべけんや依りて従来の通信会の事業を一層拡張し海外宣教会と名け遍く海外有心の人を収攬して均しく仏陀大悲の摂化に霑沐せしめ併せて日本の光栄を示さんとす而して其事たる固より我輩仏教徒たるもの、国に対し法に対する所の経営に外

ならさるなり伏して十方有為の君子に白す願くは我輩に一臂の
力を致せ我輩大任負荷に堪へすと雖も内各宗の高僧居士に謀り
外各国許多の同志者と連合し事を簡易の方向に始め着々本会の
規約に臚列せる条項に従ひ一々之を践行して他日欧米の諸国に
仏日照耀し法輪長へに転するの光景を見んことを予期せり
　今更に一言我輩心中に伏在せる所の者を表白せんそれ今日内国
教勢の云何を顧れは常に世人をして之を云何せんの嘆声あらし
む我輩この際に臨んで外国宣教のことを経営するもの或は外を
重んじ内を顧みさるの嫌なきに非すさりとも我輩の企図する所
は外仏教西漸の本務を全ふすると同時に内宗門改良の一助たら
んことを懇望し且吾が仏教従来受働的の運動を変して興働的の
運動たらしめ減速の動力を変して加速の動力たらしむることを
企図せるものなり此集合体の勢力にして愈大なれは海外宣教の
線路愈広張し其隆盛なるに随ひて其反応を内国宗門の状勢に及
ほし自然に改良振作の効果を奏するに至るは是視易きの道理な
り是れ我輩か宗門改良に対せる遠交近攻の最上策なりと確信す
る所なりそれ吾が仏教々教の純全平等慈仁精確なるは既に已に
欧米学者の欽仰慕鑚する所にて真理之か活動力たれは他日欧米
諸国の間に伝播せんことは我輩敢て之を断言するに猶予せさる
なりこれ則ち我輩外国宣教の回光反照力を仮り内国仏教の習弊
元気を改良振作して仏教徒たるもの、社会同胞に対するの義務
を尽んとする一片愛国の至情と為法の懇念と一致化合して本会
創立の基礎と為れり愛国の仁人よ護法の志士よ我輩が微衷の所
在を諒察し十分の助力を与へられんことを伏て懇願の至りに堪
さるなり維時明治廿一年八月海外宣教会創設者敬白 5)

趣意書に見る海外宣教会の特質

　趣意書では、まず、同会が仏教への親近感を示す欧米の神智学関係

者との交流が機縁となって発足した経緯が述べられている。そして、欧米での仏教への関心の高まりに対応して、海外布教を準備していく意図が表明され、広く日本仏教徒に対し協力が要請されている。さらにそのことが、「宗門改良の一助」となり、停滞した仏教の活性化に繋がるとの認識も示されており、本論「はじめに」で述べた海外宣教会の基本的方向性がよく表現された文章といえる。

2　海外宣教会創設者の群像

海外宣教会の役員構成

　1888（明治21）年8月頃に結成された海外宣教会の主要なメンバーは、普通教校の教員たちであった。同年10月発行の『反省会雑誌』に、会務を分担する役員が次のとおり発表されており、12月には『海外仏教事情』が創刊されている。

　　会　　長　　赤松連城
　　幹事長　　当分一名　里見了念
　　幹　　事　　内報掛　神代洞通　　会計兼開教掛　服部範嶺
　　庶務掛　日野義淵
　　外報掛　松山松太郎　編輯掛　手嶋春治[6]

　このうち、会長の職務は「海外宣教会規則」に「会務ヲ統括スル」と規定されているが、実質的な会の運営は幹事長と幹事によってなされていたようである。以下に普通教校のその後の展開にも留意しつつ、幹事長・幹事の経歴を確認しておこう。

里見了念

　幹事長の里見了念は、1849年（嘉永2）年、福井県今立郡片上村（現・鯖江市西方谷町）の本願寺派正覚寺に生まれた。父了性・鯖江

藩士大山浩治らに漢学を受け、次いで越中の勧学芳流に就いて宗学を修め、さらに福井藩立僧学寮で内外諸典を、西山教校で普通学を学んだ。その後、山口県開導教校教授・福井県羽水教校副監などを経て[7]、85年4月の普通教校開校に先立って同校幹事となり、学校運営を実質的に統轄する役割を担った[8]。海外宣教会創設の2か月後の88年10月に普通教校は、執行長大洲鐵然の訓告により文学寮に改められ、「本宗ノ蘊奥ヲ考究」する考究院と「内典ノ義理及応用ヲ教授」する内学院とともに大学林に包括される方針が示された[9]。同時にそのための規則編纂にも着手し、同年12月に「大学林令」が発布された[10]。この一連の措置は、「普通教育」と「専門宗学」との一致連携を目的に掲げて行われたが、教団の統率を超えて独自な動きを見せはじめた普通教校に対し、教団支配を強化するねらいがあったと考えられる[11]。この大学林令により、同月に執行長の意向を受けて大学林全体を総監する統理に日野澤依（考究院長兼務）が、内学院長に名和宗瀛が任命され、了念も文学寮長に就任した。

　翌1889年5月の海外宣教会の役員改選の際、了念は幹事長に留任したが[12]、2か月後の7月には文学寮長を辞任し、名和宗瀛が文学寮長を兼務した。了念の辞任について、『反省会雑誌』は、「公言直論、敢て宗門の碩徳に唯々せず、亦他の誹謗を顧みず、生徒を御すること亦甚厳なりし」と、了念の毅然とした学校運営の姿勢とその業績を称えた上で、辞任の理由を海外宣教会に専念するためであると報じている[13]。実際に辞任後の同年11月、了念は一身田の専修寺に真宗高田派の法主を訪ねて海外宣教会への支援要請を行うなど、海外宣教会発展のため各地を遊説している[14]。しかし、翌90年以降、了念が海外宣教会で活動した記事を見出せない。了念は、文学寮長辞任後、しばらくして京都を離れたようであり、巡回布教使として地方布教に尽瘁し、地元の羽水教校総監などを務めている。なぜ文学寮を辞してまで専念しようとした海外宣教会の事業を放棄して京都を離れたかは不明であ

る。了念はその後、本山に再度出仕し、1915年には本願寺共保財団理事長に就任しているが、その職も1年あまりで辞任しており、これ以外に本山の要職に就くことなく、自坊の寺務整理に専念したようである[15]。

日野義淵

　日野義淵は、1852（嘉永5）年、明治期の本願寺派宗学を代表する碩学・足利義山の長男として生まれたが、故あって11歳のとき、広島県芦品郡府中市村（現・府中市府中町）の本願寺派明浄寺の日野家に入寺し、西山教校などで学んだ[16]。明浄寺では、英語に堪能な人物を福山から呼び寄せて家族で英語を学習した。その際に近在の沢井洵（後の高楠順次郎）も同席させており、後に義淵の勧めで沢井は普通教校に入学したようである[17]。義淵は、普通教校開校の翌年の86年2月に普通教校書記に任命され、翌87年2月に普通教校監事補となり、さらに文学寮への改組後の88年12月には文学寮理事に就任し[18]、里見了念とともに普通教校・文学寮の開明的路線を推進する役割を担った。

　1889年7月に了念が寮長を辞任した後、翌90年10月に中西牛郎が文学寮教頭に、91年5月に藤島了穏が文学寮寮長に就任し、次第に両者の対立が表面化していった。文学寮の教員スタッフもほとんどが入れ替わったが、義淵は文学寮にとどまったようである。同年7月に文学寮規則が発布され、文学寮が大学林から分離独立すると、再び在家者への門戸開放・普通学重視の方向が積極的に推進されるようになったが、その1年後の92年7月には、「文学寮改正事件」が起こった。この事件は教団内の「守旧派」が、中西と藤島の対立に乗じて、文学寮の「進取の気風」の抑止をねらったものであり、学生の新聞雑誌編集への関与禁止、入学生の得度式・帰敬式受式の義務化、比較宗教学・経済学などの科目廃止、英語の時間数減などが断行され、藤島寮長以

下、全教職員が解職処分となった[19]。そのときの模様を『明教新誌』は次のように報じている。

> ○文学寮改正　真宗本願寺の文学寮は本日の録事欄内に記載するが如く改正を行なはる、事となり寮長以下の教職員は総て廃止せられ中西牛郎、イービランブアート、中川太郎、田中錬太郎、湊源平、中村鼎五、奥平源太郎の諸氏は嘱託教授を解かれ尚ほ幹事日野義淵氏は教用滞在を申し付けられ同僚の書籍及び諸什器の保管を申し付られたるよし[20]

　この記事で氏名が挙がっている教員のうち、普通教校時代からの教員は義淵を含めて数名に過ぎない[21]。また事件の事後処理も義淵が対応しており、教団の文学寮に対する方針が二転三転するなかで、義淵は一貫してその対応に追われたと考えられる[22]。義淵も、了念辞任後の1889年11月に、神戸方面に出張し海外宣教会発展のための大演説会に参加したが[23]、翌90年以降に海外宣教会で活動した記事を見出すことはできない。義淵は、普通教校や文学寮と同様、発足当初の海外宣教会においても里見を補佐する役割を果たしていたであろうが、里見辞任後の文学寮を取り巻く状況がめまぐるしく変化するなかで、海外宣教会での活動が不可能になっていったと推察される。しかも、文学寮改正事件以後に、義淵は文学寮を離れ、いったん自坊・明浄寺に帰ったようである。明浄寺に残された義淵の辞令によれば、93年に備後国六郡共保会勧誘係となり、同じ頃地元の博練教校総監を務めている[24]。

　普通教校の開明的路線の中心にあり、海外宣教会設立にも主導的役割を果たした里見了念と日野義淵とが、海外宣教事業を実働に移せぬまま文学寮を去り自坊に帰ったことは、海外宣教会にとって痛手であったろうし、当人らも無念であったろう。しかし、その無念を晴らす

かのように、両人の親族から初期ハワイ布教の関係者を数多く輩出していることは注目される。1898年1月に本願寺派はハワイ布教に着手したが、その初代の責任者（布教監督）として派遣されたのが、里見了念の実弟・法爾であった。続いて第2代布教監督（後に総長）としてハワイ布教の基礎を築いたのが、了念の甥であり義淵の二女・清子の夫でもある今村慧猛（文学寮卒業）であり、今村の死の1年後に臨時総長としてハワイに赴任したのも、義淵の実弟・足利瑞義であった。また了念の子である了玄、義淵の子である義雄、了念の甥・佳月、義淵の甥・足利義圓も開教使としてハワイで布教に従事している[25]。

神代洞通

　里見了念・日野義淵に次いで普通教校で主導的役割を果たしたのが、神代洞通であった。洞通は、1855（安政2）年福岡県糸島郡（現・糸島市）の本願寺派教念寺住職・道寅の長子として生まれた。亀井暘州に漢籍を草場船山に詩文を学び、80年より博多万行寺の七里恒順のもとで宗乗余乗を修めた後、普通教校開校とともに教員に就任したようである[26]。その後、87年普通教校用係となり、文学寮改組の際の翌88年12月には文学寮理事心得に就任して日野義淵を補佐する役職に就いた[27]。海外宣教会でも重要な役割を担い、『海外仏教事情』の第1集（88年12月）から第23集（91年8月）までは編集人として奥書にその名が記されている。また『開明新報』の創刊にも関わった[28]。『開明新報』と『海外仏教事情』とは同じ場所（京都市油小路御前下ル玉木町五番戸）から発行されており、密接な関係があったようである[29]。ところが、91年末に洞通は福岡へ帰郷し、その後は地元崇信教校の総監や福岡教務所書記などを務めたようである[30]。

　『海外仏教事情』の編集を手掛けてきた洞通の帰郷は、海外宣教会にとって大きな打撃を与え、第23集発行後、翌92年3月に編集人が松山松太郎に交代して第24号が発行されるまで、約半年にわたって

休刊に追い込まれた。洞通の帰郷の原因は詳らかでない。しかし、当時文学寮は大学林から分離独立を果たしたものの、藤島了穏校長と中西牛郎教頭の対立が顕在化しつつあり、加えて欧化全盛の風潮が後退するなかで、海外宣教会への支援も減退しつつあった。そうしたなかで、91年10月に『反省雑誌』に掲げられた『海外仏教事情』との合併広告[31]は、姉妹関係にある反省会の支援により海外宣教会の活性化を図るための方策であったと考えられる。おそらく、この両雑誌の合併計画に洞通も深く関与していたであろう。しかし、反省会の地方会員からの反対によりこの合併は実現せずに終わった[32]。文学寮の内紛と両雑誌合併の不成立に失望したことが、洞通の帰郷の一因であったと推察される。

服部範嶺

　服部範嶺は、1851（嘉永4）年に島根県邇摩郡湯里村（現・大田市）の本願寺派瑞泉寺に生まれ、豊前松雲寺の松島善譲の学寮で真宗学を修めた[33]。87年1月に学庠用係となり、さらに翌月には学庠監事補（同月校名変更により大教校監事補となった）に就任した。88年12月に二院一寮制が導入された際には、内学院理事に任ぜられ[34]、その後、内学院副院長、大学林参事となり、佛教大学教授・勧学などを歴任した[35]。他の監事が普通教校の教員であったのに対し、真宗学を専攻する大教校・内学院の教員であった範嶺は異色の存在であり、海外宣教会での活動も不明である[36]。しかし、大教校・内学院には、普通教校の影響を受けた真宗青年伝道会が組織されており[37]、その機関誌『伝道会雑誌』には、一時「海外宣教会録事」も掲載されていた[38]。また後述するように、真宗青年伝道会は海外宣教会と協調して活動する場合もあった。範嶺は、この真宗青年伝道会と海外宣教会との連携の仲介役をしていたと推察される。しかし、範嶺もまた、文学寮改正事件の直前の92年5月には大学林参事を依願退職し、巡教使と

なり地元の島根に帰っている 39)。

手島春治

　手島春治と松山松太郎とは、在家の出身者であったと考えられる。『学林江被仰出申渡帳』によれば、手島は、1887年6月6日付で普通教校の英学を嘱託されている。手島は、前年の12月に里見了念監事が普通教校の英学充実のため、上京して招聘した教員のひとりであり、当時発行の『日本宗教新聞』に次のような記事がある。

　　○普通校教員を聘す　貯て紙上に報道せし学事巡視の為め東上せられし里見監事は去る一九日に帰校なりし模様を聞くに這回帝国大学理学士和田義靱（高知県士族）及ひ元千葉県師範学校兼中学校長手島春治（大分県士族）右二氏を同校教員に依頼ありしにつき来一月より一層学事拡張さるゝ由し 40)

　1887年6月6日付で普通教校教員を嘱託された人物には、手島のほかに、菊池熊太郎（英学）、中村鼎五（和漢籍）、松山松太郎（英学）、人見忠次郎（数学）、井上九術（画学）、加藤清長（数学）らがいる 41)。手島は、87年3月まで千葉尋常師範学校校長心得の職にあり、その招聘を了念に推薦したのは、師範学校の同僚であった武田篤初と里見法爾であったと考えられる。篤初は大阪府の本願寺派南林寺住出身で、西山教授校副監兼教授を経て、一時同師範学校に在職しおり、86年9月に退職後は本山の教務科長の職にあった。一方、法爾は西山教校舎長・築地別院勤務を経て、師範学校に教師として勤務していた 42)。『創立六十周年記念　千葉県師範学校沿革史』には、手島のことを次のように記している。

　　手島校長心得は明治十一年に就職以来殆十年小杉校長を輔けて

教務に鞅掌して功労尠なからず、殊に十九年師範学校令発布あるや文部省の訓令に基き鋭意其の改正に従事し校舎の修築、教室の排置、寄宿舎の整理、器具器械の設備に至るまで概ね完整し、新学年の学級組織、在学生との処分、教員の精選等新学校令の実施準備に尽瘁し大に其の功績を貽された[43]

　こうした教育行政の手腕の高さから、手島は普通教校でも重きをなしたようである。1888年10月には、里見了念、和田義軌とともに文学寮規則及学科編製を命じられている[44]。文学寮改組後の同年12月にも、文学寮英語教授を嘱託され、和田とともに文学寮教場整理委員を兼務した[45]。手島は、普通教校の在家者教員の重鎮として海外宣教会の幹事に名を連ねたのであろうが、実質的にどのような役割を果たしたかは不明であり[46]、91年7月には文学寮を依願退職したようである[47]。

松山松太郎

　松山松太郎が1887年6月6日付で普通教校の教員を嘱託されたことは、『学林江被仰出申渡帳』に記されているが、実際には開校当初からで普通教校で教鞭をとっており[48]、欧米通信会の設立に先立って87年3月に米国神智会に書簡を送ったのも松山であった[49]。松山の経歴等は詳らかではないが、英語に堪能であったようで、『反省会雑誌』の記事にもたびたび翻訳者として氏名があがっており、88年7月創刊の英文雑誌『THE BIJOU OF ASIA（亜細亜之宝珠）』では著者兼発行人をつとめている。翌89年には、『欧米仏教新論集』第1編を刊行しており[50]、欧米通信会の時代から一貫して有力なメンバーとして、海外宣教会に関与していたようである。おそらく89、90年頃に文学寮を退職して海外宣教会での活動に専念したものと考えられる[51]。92年以降、海外宣教会は島地黙雷を会長に迎えての立て直しを

図るが、他の幹事が次々と京都を去るなかで、その実務を一手に引き受けたようである。93年5月以降、海外宣教会はシカゴの万国宗教会議への英文仏書の施本事業に取り組んだが、この事業の終了とともに海外宣教会は事実上解散となった。同時期に松山は、シカゴの万国宗教会議の記録をまとめた本を上梓しており52)、それ以降、松山の動静を知る資料を見出し得ない。

3　初期の海外宣教会とハワイ布教計画
特別会員と各界からの支援

　海外宣教会発足の2か月後、1888（明治21）年10月に普通教校から文学寮への改組があり、その後に文学寮をめぐる教団方針が混乱するなか、海外宣教会の主要なメンバーは次々に文学寮を去っていった。このことは、海外宣教会の運営にもやがて暗い影を落としていくのであるが、発足当初の会の活動には、本願寺派のみならず、仏教界を超えた支持を集めたようである。

　この点を明確に示すのが、各界から推挙・選任された特別会員であろう。特別会員は、「内外人中学識名望アリテ本会ニ対シ特ニ助力ヲ与ル者ヲ推挙ス」と海外宣教会規則に規定されている。『海外仏教事情』第1集（1888年12月）から第3集（89年10月）までの「本会報告」によると、次の人物が推挙されており、本願寺派だけでなく、大谷派をはじめ天台宗・真言宗・臨済宗の僧侶などの支援を受けていたことがわかる。

　　島地黙雷・大洲鐵然・赤松連城・東陽圓月（真宗本願寺派）、
　　渥美契縁・徳永満之・南條文雄（真宗大谷派）、水谷仁海（天
　　台宗）、西秋谷（豊前碩儒）、佐伯旭雅（真言宗泉涌寺住職）済
　　門敬冲（臨済宗東福寺管長）、勝峯大徹（臨済宗南禅寺住職）、

荻野独園（臨済宗相国寺）、釋雲照（真言宗）、柳原前光（伯爵）

　特に英文雑誌の発行・送付には莫大な費用を要したようであるが、本願寺派法主（第3集「本会記事」記載）や大学林統理であった日野澤依（第2集「本会報告」記載）が寄付するなど、当初本願寺派を挙げての支援があり、真宗山元派法主（第4集「本会記事」記載）などからも寄付もあり、正会員・賛助会員についても全国からの加入者があったことが報告されている。さらに1889年11月には、里見了念・日野義淵・松山松太郎らが伊勢・神戸・大阪を巡回して懇談会・演説会を開いて賛同者を募り（第5集「本会記事」記載）、12月には松山松太郎が上京して、東京における各宗有力者の支援も取り付けている（第6集「本会記事」記載）。この結果、第4集（89年11月）から第11集（90年6月）までに次の特別会員が追加して推挙された。

　菅了法（真宗本願寺派）、長瀬時衡（広島師団病院長）、稲垣湛空（真宗高田派）、本荘宗武（子爵・宮津旧藩主）、日野霊端（浄土宗知恩院門跡）、黒田真洞（浄土宗）、平賀義美、杉浦重剛、宮崎道正、七里恒順（本願寺派）、久松定弘（子爵）、三宅雄次郎、辰巳小次郎、菊池熊太郎、柳澤政太郎、柴四郎、大内青巒、今北洪川（円覚寺管長）、香川葆晃（本願寺派）、霄貫道（建長寺派管長）、鳥尾小弥太（子爵）、井上円了、棚橋一郎、三崎亀之助

曜日蒼龍のハワイ布教計画
　1890年初までの海外宣教会は、幹事長・幹事の協力体制も機能しており、本願寺派、仏教界内外の支援もあって会運営も順調であったと考えられる。こうした状況のなかで、海外の仏教者との通信・交流

だけでなく、実際に海外布教を実施に移そうとする気運も高まったようである。

『海外仏教事情』第4集（1889年11月）の「本会記事」は、正会員の曜日蒼龍がハワイへと出向いて一旦帰国して再び渡航計画中であることを伝え、「今後は本会事業の一つとして該地の宣教に従事する都合なり」と報告している。曜日蒼龍は、大分県西国東郡臼野村（現・豊後高田市）の本願寺派光徳寺の住職であったが、89年3月にハワイに渡って10月までの約7か月間、現地で日本人出稼ぎ者の布教活動に従事した53)。蒼龍は、88年9月に『教学論集』という雑誌が掲載した次の記事を読み、ハワイ布教を思い立ったようである。

> 此頃本会員某が暑中休暇の為め帰国の際横浜より神戸へ渡航の汽船中にて布哇国へ出稼して帰国の者に出逢ひ種々彼地の模様を尋ねし中に第一に彼等の迷惑なるは彼地に未だ一人の僧侶の派遣なきこと是なりと其故は彼地の出稼人は概ね単身孤独にして海外万里の遠方に在ることなれば風の吹く夕べ雨の降る暁などは特に故郷の事を思ひ出で、やる方なく今頃は我が父は如何になしをりたまふらん我が母は何を思ふてをはすらんと胸一ばいになりくるも誰れ一人慰めてくれる者もなし左る時には兼て聴聞せし御説教を思ひ起し今ま一度聴聞して此の苦しき思を晴さんと思へ共更に一人の僧侶なければ詮方なく更に日本の方に向ふて拝するのみと云へりと」又一会員の京都よりの通報に布哇国より帰国の途次本山へ参詣せし者の御影堂に参拝する有様を見しに彼の者真に感涙に咽び両眼を開き能はず称名の声も顫ふて暫し打伏したるのみなりしと」読者は此の報を読み果して如何の感想を惹起せられしや、本年二月廿三日の官報に拠れば渡航の度数は明治十八年以降四回にして其人員の総数は四千三百四人なり之を各府県に区別したる表中百以上の数は左

の如し
　　広島県　一千四百十三人　　山口県　一千百七十一人
　　熊本県　　二百九十三人　　福岡県　　　百三十四人
　　外三府二十八県にて　　　　　　　　一千二百九十三人
右の表に依れは渡航人民の百分の七十二強は広島山口熊本福岡の四県下の人民なり嗚呼此の四県下は真宗同行の尤も多数なる所にして広島県の如きは古来安芸門徒の称ある所にあらずや然り此の如きの布哇国へ向て今日まで堂々たる一宗本山にて一人の布教者を派遣せしめざるは抑何と云ふことぞや彼の外教師は未だ一人の渡航したることなき万里の孤島に渡りて蛮族に対してすら克く布教を試むるにあらずや今ま同一国民中特に同信教徒乃ち御同行御同朋の四千人以上も渡航せしと云ふ同国へ未だ一人の布教者を派遣なしとは本山の本山たる所果して何くにある願くは一日も早く速に派遣せしめられんことを 54)

　また『教学論集』は、翌月にも『官報』外報欄内に記載された「布哇国出稼日本人衛生年報」の内容にふれ、1885（明治18）年2月から88年7月までの約3年半の間に、日本人のハワイ出稼ぎ者の死亡者が204名に及び、その多くが広島・山口・熊本・福岡の真宗篤信地域である事を踏まえ、早期に真宗僧侶を派遣すべきであると主張している 55)

本願寺派の支援
　このようにハワイ布教の必要性が仏教界でようやく認識されつつあり、同じ頃、曹洞宗僧侶の水野良英と朝比奈泰悟も布教を目的にハワイに向けて出発していた 56)。そうしたなかで、蒼龍の布教計画に対して、本願寺派執行部も支援する姿勢を示した。蒼龍の渡航に先立つ1889年2月10日、島地黙雷ら東京の教団有力者で組織する「勝友会」

が送別会を開いて蒼龍を激励した。同月15日には明如法主との面談を果たし、第19代本如法主（信明院）直筆の六字名号を贈られた[57]。また『明如上人日記抄』の89年3月14日の条には、次のような記述がある。

　　尚、総理大臣も面会、木戸〔侯にも〕面会致し、途中に而内事課長に面会し、長崎書記官に兼而曜日僧能云々の件を外務大臣へ締方依頼し、十一時比退　朝す[58]

　この記述中の「曜日僧能」とは、曜日蒼龍の誤記ではないかと推察される。「締方」とは何を意味するか不明であり、あるいは蒼龍の行動を監視する意味も含まれていたのかもしれない。しかし、自ら外務省に依頼していたことからも、蒼龍のハワイ布教に対する明如の期待の大きさが知れよう。さらに蒼龍が帰国して活動資金の募集に着手すると、1889年11月15日、執行長大洲鐵然は、次のような訓告を出して、蒼龍の活動資金の募集への支援を表明した。

　　近来布哇国ヘ本邦人ノ移住殊ニ増加シ該人民ノ内ニハ従本宗門徒の族尠カラザルバ今回曜日蒼龍外数名該国ホノルヽ府ニ於テ仏教伝道院ヲ設置シ本宗二諦ノ教義ヲ伝播センコトヲ謀レリ惟フニ該移住民タル一朝仏教有縁ノ勝地ヲ離レ遠ク海外万里ノ波濤ヲ隔テ所尊ノ仏像ナク外ニ聞法ノ寺院ナキハ実ノ憫然ノ至リタルヲ以テ這般右等ノ挙行アル移住人民ノ幸福ハ勿論苟モ本宗教義ニ浴スルモノ深ク随喜スベキ儀ニ付各寺門徒ニ於テモ厚ク其意ヲ体シ同朋相扶クル至情ヨリ銘々幾分ノ資材ヲ投シ此美挙ヲ賛成候様致スヘシ[59]

海外宣教会と真宗伝道青年会

　『海外仏教事情』に曜日蒼龍のハワイ布教が海外宣教会の事業として推進することが予告され、本願寺派からの支援も決定したにもかかわらず、海外宣教会が積極的に蒼龍のハワイ布教の支援活動に動くことはなかった。「通仏教」を掲げる海外宣教会にとって、本願寺派の僧侶だけで実施される布教活動を支援することはできなかったと考えられる。この頃の海外宣教会の動向を『浄土教報』は次のように報じている。

　　〇海外宣教会の拡張　同会は従前専ら真宗本派の人々を以て組織せしゆへ幾分か宗派に偏する評なきにあらざりしも斯ては同会の本意にもあらずとて今回一層其事業を拡充し弘く賛成を四方に求め大同運動を為すの方針を取るよし昨年八月以降の成蹟に依るに正会員五百八十六名賛成員九百九十三名特別会員十二名に達し当地雲照律師真洞教師は特別会員になられたり本社静宇へは東京地方幹事を嘱託せられ又同会々員松山氏は有志者と謀りオルコット氏の霊智学宗教及哲学シ子ツト氏密部仏教論等を翻訳中のよし[60]

　宗派を超えた広い支援を得て会を拡張していくためには、宗派色を表面化させることはできなかったが、さりとて海外布教の実施に向けた宗派間の協調体制が構築されていない以上、実際に布教を実動に移そうと思えば、単一の宗派に依拠せざるを得なかった。こうしたジレンマを抱えていた海外宣教会に代わって、蒼龍の支援活動を展開したのが真宗青年伝道会であった。真宗青年伝道会は、その機関誌である『伝道会雑誌』において、1889年5月発行の12号の「本会特別公告」で、蒼龍のハワイ布教への寄附金募集に着手する旨を告知した。そして翌月発行の13号から「布哇国仏教会堂寄附金並信徒へ寄贈ノ書冊

広告」において寄附者の氏名を掲載して布教資金の支援活動を実施した。

4　支援者の減少とハワイ布教の挫折

国粋主義の台頭と状況の変化

　1880年代における欧化主義全盛の風潮のなかで、欧州の仏教者とも提携して日本仏教を海外に宣教していこうとする海外宣教会の試みは、各宗派の有力者のみならず、仏教界を超えて各界からの協賛者を得ることに成功した。しかし、それゆえに本願寺派単独の海外布教への積極的支援に踏み出すことができずにいた。さらに1890年に入ると、国粋主義思想が台頭するなかで、キリスト教の教勢も退潮し、キリスト教に対抗して「通仏教」として結集することが困難になっていった[61]。90年1月には株価が暴落して恐慌状態に入ったことも拍車をかけ、会員・支援者からの会費納入・資金援助も途絶えがちになっていったようである。

　1890年4月発行の第9集掲載の「本会報告」以降に会費未納者の氏名が掲載されるようになり、同年7月以降に特別会員の追加推挙はされなくなった。同年12月発行の第16集では、会費未納の正会員に対し至急納入するように禀告しており、経済的にも行き詰まったようである。『THE BIJOU OF ASIA（亜細亜之宝珠）』も90年に入ってからは刊行されなくなった。また幹事長の里見了念が京都を去り、その後次々に幹事が文学寮を辞職してくことになった。仏教界でも教団としての結束と統率を重要視し、「通仏教」的な結束に警戒感を示す傾向が強まったようである。

ハワイ布教支援の撤回

　1890年に入ってからの仏教界の変化を象徴するのが、本願寺派によるハワイ布教支援の撤回告示であったと言えよう。1890年5月

12日、突如として執行長大洲鐵然は、「布哇国移民布教ノ儀ニ付昨二十二年十一月十五日付訓告第四号ノ儀ハ詮議ノ次第有之取消ス」[62]との訓告を末寺一般に通達した。わずか半年の間に本願寺派の方針が転換されたのには、どのような背景があったのであろうか。従来にあって、支援撤回の理由は、蒼龍が「仏教も其本尊をゴッドと同体異名とすべしとの方便論」を某宗教雑誌に発表したことに端を発すると考えられてきた。こうした蒼龍の布教方針が仏教世論の反感を買い、本山側もこれを問題視して支援を打ち切ったという説明がなされてきた[63]。

　しかし、そのような事実があったとは考えられない。なぜなら、蒼龍の論説や活動記事は、当時刊行されていた『伝道会雑誌』『反省会雑誌』『令知会雑誌』『海外仏教事情』『明教新誌』などの仏教系雑誌に散見することができるが、そのいずれにも、前述のような布教方針を論じた蒼龍の論説や、それが議論された記事も見出すことはできないからである。この点について、常光浩然も『布哇仏教史話』で同様の指摘をしており、撤回の訓告を報じた当時の『明教新誌』の記事に至っては、蒼龍への支援撤回を報じた上で、「如何なる詮議の次第なるや記者は之を知る由なけれども」と記している[64]。結局のところ、支援撤回の理由を蒼龍の教義上の問題に帰することは、ハワイ出稼ぎ者たちに支援中断を納得させるのに都合のよい説明ではあったかもしれないが、実際には別に理由があったと推察される。

曜日蒼龍の布教方針

　曜日蒼龍の布教方針は、1889年12月発行の『伝道会雑誌』に詳しく記されているが、それは次のようなものであった。

　　　布哇布教ノ方針　　同盟会員　曜日蒼龍
　　予ガ布哇国ニ於ケル今後ノ方針ハ、十分ニ布教伝道ノ普及ヲ欲

スルガ為メ、左ノ如キ手順ニ依ラントス。
一ホールヽ府ニ仏教伝道本院ヲ設置シテ、其基礎ヲ定メ以テ今後伝道ノ本拠トスル事。
　右ハ已ニ金四千弗ヲ以テ、地所家屋ヲホールヽ府ホフトストリーニ購得タレバ仏殿建立ノ上ハ、本山別院ニ引直サンコトヲ願出ルノ都合ナリ。
一各島ニ九ヶノ支院ヲ設置スル事。
　布哇島ニテヒロ、ハマクワ、コハラ、カウーノ四処、馬哇島ニテワイルク、ラハイナ、マハナノ三処、嘉哇島ニテリフエ已南ニ一処、已北ニ一処、都合九ヶ処、ナリ、但シ布哇島中ヒロノ一ヶ処ハ既ニ落成セリ。
一此如ク今日教線拡張ヲ要スル所以ハ、本邦出稼人ノ該地ニ在ル者ハ、已ニ一万人ヲ超過セントス、而シテ又移住民局ノ説ニヨレバ、今後日布ノ交渉益親密ニ帰シテ二万有ノ支那人ト、一万有余蔔人トニ代テ、将来漸次ニ本邦ノ出稼人ヲ彼地ニ渡航ノ運ヒトナルベケレバ、到底二三万ノ日本人ハ、該地ニ常住スルコトナルヘシト云ヘリ、去レバ今ニシテ我布教ノ術策ヲ忽ニセハ、是レゾ由々敷一大事ヲ生ズベキナリ、何トナレバ是ノ二三万人ハ、三年毎ニ交代スル者ナレバ、ツマリ布哇ハ外教ノ伝習所トナリテ、遂ニ其余毒ヲ我邦ニ輸入スルニ至ラン、故ニ苟モ憂国為法ノ徒ハ決シテ看過スベキコトニ非サレバナリ。
一以上十ヶノ教場ヲ設置セルニ於テハ、其布教員少クトモ六七名ヲ要スベシ、而シテ今ヤ西澤道朗氏ハ已ニ該地ニ在リ、予亦来陽ニハ更ニ梅高秀山、工藤誓行、高田誘成、浦雲涯、等ノ諸氏ト同航センコトヲ約セリ。
一大法主殿ヨリ布哇国移住民ニ対スル御消息御下付ノ恩命アリ、且執行長ヨリ末寺一般ヘ訓告セラレ、大ニ其事業上運動ノ便

利ヲ与ヘラレタレバ、広ク全国同感ノ諸兄姉ノ賛助ヲ得テ、着々実地ニ歩ヲ進メント欲スルナリ。
一予ハ誇張虚勢ノ空論ヲ好マズ、唯其微力ヲ奮テ、着々海外ノ布教ニ当ラント欲スルナリ、而テ先ツ布哇ノ一小島ニ其力ヲ試ミタリシニ、聊カソノ功果アルモノヽ如ク自信ス、左レバ茲ヨリ進テ普ク全国有志ノ賛助ヲ得テ、耶蘇教国ノ中心ニ仏教ノ道場ヲ建設シ、布教員六七名ヲシテ常ニ彼地ニ周旋セシメナバ、布哇十万ノ国民ヲシテ、翩翻タル我仏教ノ下ニ立タシメ、純然タル一仏教国ヲ太平洋裏ニ現出セン、後ヲ延テ以テ北米ヲ席巻セハ、仏日ノ新大陸ニ照臨センコト亦期シテ待ツベキナリ、仰キ願クハ海外ノ宣教ニ同感ノ人々ハ、宜ク一臂ノ力ヲ添ヘテ、我等従来ノ宿志ヲ遂ケシメラレヨ。
　予ハ幸ニ海外宣教会ノ末員タルヲ忝フシ、該会主幹ノ人々ニ協補セラレ、万事都合ヨク、実ニ冥加ノ次第ト存ジ喜ベリ、嗚呼予ハ従来各已分立ノ運動ヲ好マザル而已ナラズ、海外若クハ外教ニ対スルトキハ、各宗一致ノ運動ヲ望ムモノナリ、依テ予ハ不日各宗々主ニ向テ、将ニ計画スル所アラント欲ス、嗚呼我為法の諸兄姉ヨ、願クハ鬩穡ノ我情ヲ撤去シ、釈尊無我ノ金言ヲ遵奉セラレヨ [65]

　これを見ると、蒼龍の関心事が教義上のことより、出稼ぎ者の実態に即して、どのような布教体制を構築するかに向けられていたかがわかる。そして、そのための具体的方策として、自分の師であり義父でもあった東陽圓月の門下生を中心に開教活動を展開する計画が立てられている。また圓月は、初期からの海外宣教会の特別会員でもあった。
　加えて、文の最後には、海外宣教会の一員として、キリスト教に対抗するため「各宗一致ノ運動」としていく方針が主張されている。本山側が問題視したのは、まさにこの点ではなかったかと考えられる。

当時九州には宗派の枠を超えた「九州仏教団」と称する団体が結成され、その運動を活発化させつつあった。支援撤回の訓令の出された2か月前の3月17日には、長崎で九州仏教団の結成に向けた会議が開かれ、真宗三派の僧侶を中心に他宗の僧侶も加わり70名が出席した。6月8日には熊本市順正寺で九州仏教団の発会式が挙行され、九州各県から集まった有志者で境内はあふれかえり、7月には加入者は僧俗2万人に達したという[66]。9月には、熊本市の國教雑誌社から雑誌『國教』が創刊されたが、この雑誌は九州仏教団の機関誌としての性格を有していたようである。その創刊号には、「宗派に偏せず、教会に党せず、宗教界に独立して、仏教の真理を開闡し以て仏徒の積弊を洗滌し、之が改良を図る」との趣意が記された[67]。

このように、九州は「通仏教」的結束の拠点として、本山の統制を脱する方向性を見せはじめていたのであり、その九州で豊後の圓月の一門が、独自にハワイへと布教を広げていくことに本山執行部は危惧を抱いたものと考えられる。また同年8月に起こった東陽圓月の異安心事件も、本山の地方統制強化の路線と無関係に考えることはできないであろう[68]。

本願寺派警戒心の増幅

ところで、仏教本尊をゴッドと同体異名と見なす発想にも全く根拠がなかったとも言えない。1889年10月発行の『海外仏教事情』第3集は、明如の支援でアメリカの宗教視察中であった中西牛郎[69]の書簡を掲載しているが、そのなかに次のような箇所がある。

> 上帝と基督と云へる名称は数千百年間白色人種の脳裡を感化したるを以て此二大名称を破壊するは其甚だ好まざる所にして上帝と云る名称も基督と云る名称も其儘保存し其教理の実体を変じ更に新宗教を開拓せんと欲するは小生の所見を以てせば米国

39

有識者の希望する所なるべし而して一方に於ては近世の科学より生じたる進化説を採りて宇宙に遍満する一大勢力を確信し万有みな下等より漸次高等の域に向て進歩を現はし遂に万有一致の天国に達するを主張し又一方にては上帝の博愛と基督の理想とを保存せんとするときは其勢即ち凡神論の一神論となり遂に我が弥陀説に帰入するに外ならず

　教団執行部は、真宗教義の内容に論究することなく安直にキリスト教と附会させる主張に対して、反発と警戒心を抱いたに違いない。たとえ蒼龍がそうした主張をしていないとしても、九州仏教団の中心的人物である中西との関係性を意識すると、蒼龍のハワイ布教に対しても、海外宣教会のあり方に対しても、警戒心を募らせていったことであろう。さらに1890年に入り「通仏教」での結束の意義が薄れ、宗派としての統率強化が重視されるようになると、これの妨げとなる可能性のある団体の行動や思想は一括して危険視され、抑圧が加えられていったと考えられる。

5　フランス布教計画と九州仏教勢力との提携

島地黙雷の会長就任

　1891（明治24）年10月、海外宣教会の事業が行き詰まりを見せるなか、『海外仏教事情』と『反省雑誌』との合併が計画された。しかし、その計画も反省会の地方会員の反対により失敗に終わった。多数の会員を抱える国内団体として順調な発展を遂げてきた反省会の地方会員らは、莫大な費用を要し社会的支援を失いつつあった海外宣教会との提携路線に同意しなかったと考えられる。この合併計画の破綻後に『海外仏教事情』編集人の神代洞通は、文学寮を辞し故郷・福岡に帰っていった。すでに里見了念幹事長・手島春治幹事が海外宣教会を去り、日野義淵も混乱する文学寮の対応に追われるなかで、松山松太

郎が独りで会の実務を背負っていくことになった。こうしたなかで、会の立て直しのためには、本願寺派の有力者を会長に迎える必要が生じたのであろう。こうして翌1892年3月、会長に就任したのが島地黙雷であった[70]。

黙雷の会長就任直後、約半年ぶりに刊行された『海外仏教事情』第24号の巻頭には、「海外宣教会員諸君に告ぐ」と題された黙雷の論説が掲げられた。ここで黙雷は、海外宣教を「之を言へば難く之を行へば易し」と述べ、「且つや欧米機運の吾仏教に傾向する真に時機到来の感を懐かざるを得ざる者あり」と、欧米布教に対する並々ならぬ決意を述べている。

しかし、同じ号に掲載された「会告」では、休刊を経て誌面を拡張・改良する意図を述べたうえで、当面の取り組むべき課題として次の点を挙げている。

　一英国龍動府支部の基礎を強固ならしむる事
　一仏国独国米国等の重要なる都府に本会の支部を設置し以て与論を喚起する事
　一大乗通申仏教問答を著訳出版して欧米各国人に聞法の階梯を供給する事
　一亞細亞の宝珠を継続して之を龍動支部より発行する事

ここでは黙雷の意気込みとは違い、欧米布教が事業項目として取り上げられていない。機関誌の刊行もままならない状況で、実務を預かる松山松太郎としては、直ちに海外布教を行うことを困難と考えていたのであろう。

会勢挽回の施策

松山松太郎が運営資金を得るために採った方策は、九州仏教勢力と

の提携と全国の仏教団体からの支援者の獲得であったと考えられる。
　九州仏教勢力との提携は、1890年6月に九州仏教団が結成され、同年10月に中西牛郎が文学寮教頭に就任して以降、徐々に深まっていったと推察される。海外宣教会と九州仏教団とは、ともに「通仏教」的結束を志向しており、その提携は自然の成り行きであったとも言えよう。91年7月『海外仏教事情』の第22集には、九州仏教倶楽部71)の機関誌『九州仏教軍』の創刊が公告されており、その後も『國教』、『真仏教軍』など九州で発行された仏教雑誌や、中西が創刊した『経世博議』の広告が掲載されるようになった。特に九州の有力誌『國教』には、海外宣教会の活動を支持する記事を散見し72)、発行元の國教雑誌が刊行した『対外仏教論』のなかに松山の論説が収録されている73)。一方、松山の著書『万国宗教大会議』も、中西の評論を収録したうえで、「例言」において「世界宗教大勢の慧敏なる観察者として著名なる中西牛郎君の大会に対する意見を掲ぐ」と記している74)。
　海外宣教会と九州仏教勢力との提携は、松山の動向からも把握できる。『海外仏教事情』第24号「会告」は、92年4月に松山が九州に赴いたことを報じ、翌月発行の第25号の「社告」は、この巡回のため第26号の発行が遅延することを予告している。3か月後の7月に発行された第26号の「公告」では、「九州各地員及ビ其他有志諸君御中」にあてて「先般本会幹事松山緑陰九州各地巡回ノ際ハ本会拡張上会員其他有志者諸君大に御尽力被成下候段深ク感謝仕候也」との謝辞が掲載されている。機関誌発行を遅延させてまで、松山が九州に赴いたことからも、いかに九州仏教勢力との提携を重視していたかが知れよう。
　『海外仏教事情』第24号には、同時に「全国仏教団体へ至急広告」も掲載された。そこでは「今や割拠的の時代は已に去り、将に連合団結して仏教活動の大勢に応ぜざるべからず」と、「通仏教」としての結束の必要性を指摘し、開明新報社を通じて全国各地の仏教団体を調

査した結果、150余の仏教団体の存在を確認したことが報告されている。そのうえで、さらにこれら団体からの情報連絡を得て一覧表を作成し、「仏徒連合の一端を促さん」との意図が表明されている。おそらく、松山は神代洞通が帰郷するに際して、『開明新報』の編集も託されていたと考えられる。仏教界唯一の日刊紙である『開明新報』を通じて、仏教団体の存在を把握し海外宣教会への支援の拡大をねらったのであろう。しかし、もはや「通仏教」的結束が困難な状況になっていたことに加えて、本願寺派の有力者である島地黙雷を迎えたことで、他宗派の関係者は海外宣教会の本願寺派色が強くなると見ていたようである。すでに『浄土教報』は、1891年9月の段階で黙雷が会長に就任することを察知して次のように評している。

　○海外宣教会の拡張　同会は今後専ら本派本願寺有志の一手にて之か拡張を謀り今度島地黙雷師を会長に推挙せり[75]

　結局のところ、海外宣教会は従来の路線を堅持して広く「通仏教」結束を優先するのか、本願寺派の関係団体として海外への真宗布教を目指していくのか、その立場を鮮明にできぬまま、中西牛郎と九州仏教勢力との提携のみが強化されていったと推察される。しかし、そのあり方は本願寺派執行部に一層の警戒心を募らせる結果になったことであろう。

フランス布教計画とその挫折
　1892年7月発行の第26号で『海外仏教事情』は、巻頭に「シカゴ大博覧会に就て仏教者に望む」と題する論説を掲げ、「我仏教信者の奮つて其の美挙に賛同す可き」と論じた。しかし、同月に「文学寮改正事件」が起こり、中西牛郎が文学寮教頭の職を追われた。この事件と前後して、服部範嶺と日野義淵とが京都を離れていった。また文学

寮学生の新聞雑誌編集への関与が禁止され、『海外仏教事情』の編集作業への手伝いも不可能となった[76]。

　松山松太郎がいよいよ孤立無援の状態に陥るなか、会長の島地黙雷は、翌年に開催が決まったシカゴの万国宗教会議を欧州布教に着手する絶好の機会と考えたようである。1892年10月発行の『海外仏教事情』第29号に「大乗教西漸の機運」を発表し、フランスへの布教に着手する意図を表明した。90年頃からフランスでの仏教信者の増加を伝える記事が散見し、その当時ですでに3万人を超える信者がいると報じられていた[77]。このとき、パリに海外宣教会支部を設置する計画が浮上したが、英国支部より時期尚早との報告があり保留となっていた[78]。しかし、翌91年2月にはパリのギメー博物館で有力政治家の臨席のもと、小泉了諦らにより報恩講が開催されており[79]、92年5月頃には仏教学校も設立された[80]。同年11月発行の『海外仏教事情』は、当時の共和政府と旧教が対立関係にあることから、現地の有力者から仏教布教の支援も得られるかも知れないと報じている[81]。

　こうした状況を踏まえ島地黙雷は、1892年10月下旬から開催された本願寺派の定期集会に次の建白書を提出して、本願寺派の支援のもとでのフランス布教の実施を目指した。

　　米国博覧会へ代表者派遣ニ付建白
　　　　建議ノ主旨
　　来ル明治二六年米国博覧会開設ヲ機会トシ教線ヲ欧州ノ中央ニ
　　張ラントスルニ仏国巴黎府ニ開教セントスルニ在リ
　　仏国開教ノ件ニ付建白（島地黙雷）
　　（別記）
　　一　金二千円　　　　仏国往返路費二名
　　一　金四千八百円　　同駐在費二名二ヶ年分
　　一　金四千八百円　　毎月二回二ヶ年間四十八回　布教費但一

回百年
合計金一万千六百円[82]

　また、この集会の会期中の10月31日には、黙雷と親交の深い山県有朋が本願寺派明如法主に書簡を送って、宗教会議に黙雷を派遣するように要請しており、この書簡にはさらに詳しい黙雷の建議書の文面も添付されている[83]。定期集会では、この2件の建議への反対意見がいくつか提起されたものの、結局賛成多数で可決した。ところが、この集会での可決後、大洲鐵然執行長と小田佛乗執行とは、可決事項を認めないように明如法主に上申している[84]。その理由はかつて別稿で指摘したように、財政面での負担と失敗した場合の教団権威の失墜を懸念したことに加えて、教団の統率を超えた海外布教の動きを牽制する意図があったと考えられる[85]。

6　英語仏書施本事業と海外宣教会の消滅

万国宗教会議と英語仏書施本

　島地黙雷のフランス布教計画が頓挫して以降、海外宣教会が取り組んだのが万国宗教会議への英語仏書の施本事業であった。この事業は、1893（明治26）年2月頃から松山松太郎が各地を巡回して、印刷費募集に向けた準備をなし[86]、同年5月発行の『海外仏教事情』第34号に事業内容が広告され、『伝道新誌』（『伝道会雑誌』後継誌）『反省雑誌』『日本一』とも連携して施本資金の募集に着手したようである。翌月の第35号から「米国チカゴ府世界博覧会施本費寄附金報告」で寄附名簿が掲載され、同年10月発行の第39号によれば、集まった寄付金は500円余に及び、現地シカゴに寄贈した施本の総部数は『真宗綱要』8,500部、『真宗略説』2,000部など、合計30,750部に達した。

　こうした外国との文書伝道は、海外宣教会が先鞭を着け、常に仏教界をリードしてきたものであった。しかし、万国宗教会議の際に

は、海外宣教会に先行してその必要性を主張し、事業に着手する団体もあらわれた。例えば、前年の1892年10月に『明教新誌』は、社説「英訳仏書配布の一必要」で万国宗教会議への仏書頒布を提言しており[87]、同月には東京の勝友会が万国宗教会議への英語仏書の施本を決めた[88]。また翌93年1月には、浄土宗の黒田真洞らが万国宗教会議への施本に向けて『大乗仏教大意』の翻訳に着手しており[89]、3月に日蓮宗宗務院も、新居日薩講述の教義大意と日蓮の略伝を翻訳して、万国宗教会議へ施本することを決定し、そのための資金募集を門末に諭達している[90]。もはや、海外布教会がはじめた海外との文書伝道は仏教界に普及し、その活動が目新しいものでなくなっていたのである。

海外宣教会への批判

　万国宗教会議を機として、海外への文書伝道を目指す動きが仏教界に広がりを見せたが、それは海外宣教会のような海外の仏教者との相互の対話・交流を重視するものではなく、一方的な仏教伝道という色彩の強いものであった。そして、むしろ海外宣教会のような交流のあり方を公然と批判する意見もあらわれはじめた。例えば、1893年2月発行の『明教新誌』の社説「外国仏者」は次のように論じている。

> 外国仏者の渡来するあれば、喜色忽ち動き、之が為めに奔走周旋の労を厭はず、甚しきは諂媚の弁を呈して其機嫌を損ぜんことを恐れ、主侯の関係を有するものゝ如きものあり。醜態殆んど識者の見ること恥づる所なりし。（中略）外国仏者固より軽侮すべからずと雖も、我亦にはかに彼が下風に立つものにあらず、何を苦んでか必す唯々諾々彼が機嫌を取るに努めんや[91]

　欧化主義全盛の1880年代後半、欧米における仏教者の存在は大き

な注目を浴び、その招聘に尽くした海外宣教会の事業にも多方面からの協賛が集まった[92]。ところが、国粋主義が台頭すると、欧米への卑屈な態度として逆に批判をうけるようになったのである[93]。確かに海外宣教会が交流した欧米の神智学関係者が真の意味で仏教者と呼べるような存在であったかは疑問である。しかし、日本仏教の優位性への確信は、やがて日清・日露戦争を経て、諸外国の仏教勢力との対等な交流と日本仏教の直面する課題に向き合うことを困難にしていったことも否定できない[94]。

さらに本願寺派の機関紙『京都新報』掲載の投書の場合は、より明確に海外宣教会の存在を念頭に置いて次のように述べている。

> 宗教の外国売弘めは、既に宗教家の常語となれり、然れども未だ得意先の広くなりしを聞かず、前にオルコット氏来たり、今又フォンデン氏来る、其他二三の物敷奇がある迎仰々しく外国已に仏を信ずる者多しとするは、近頃○○先生達が政治上の狡策より或る教を機械とせるを知ずして、彼らは或教を信ぜりと妄談するより層一層片腹痛き自惚なり[95]

この投書は、オルコットやフォンデスの招聘の中心的役割を果たしてきた海外宣教会が、一向に海外布教の成果をあげていないことを揶揄し、痛烈に批判しているのである。

『海外仏教事情』の廃刊

英語仏書の施本事業が終わった1893年の後半になると、海外宣教会の衰退は一層明らかとなった。同年11月発行の『海外仏教事情』第40号には、次のような投書が掲載されている。

> この会を用ゐて、ます〳〵仏祖の恵を海外に布くべきこそ、目

下真宗徒の大責任にはあらざるなきか。如是必要なる。海外宣教会の事業は盛なるか。否な／\今日にては、完全と云ふ可らざるなり。思ふて常に斯の処に到れば、我が真宗各本山等の、此の会に対するの冷かなるを悲しむ96)

　この投書は、海外宣教会の不振を認めたうえで、本願寺派をはじめ真宗各派の執行部からの支援のないことを海外宣教会の不振の原因としてあげている。本来海外宣教会は「通仏教」的立場を表明して発足したはずであり、本願寺派らの対応のみに原因を帰するのは妥当でないようにも思える。しかし、海外宣教会が本願寺派設立の普通教校の教員を中心に設立され、本願寺派も当初支援していたことを考えれば、本願寺派に対し、「通仏教」的な各宗派の協力体制の構築に向けての中心的役割を担うことが暗然と期待されていたことも明らかであった97)。ところが、本願寺派がそうした役割を担うことを明示していたわけでなく、海外宣教会の側も本願寺派との協力関係を明確にすることなく、広く仏教界からの支援を取り付ける方向性を採った。このため海外宣教会は、「通仏教」を掲げながら、結局は本願寺派の支援を期待せざるを得ないという矛盾を内包することになった。そして、やがて本願寺派がその期待に沿わない姿勢を明確にするに及んで、海外宣教会の運営は破綻に追い込まれていったのである。前述の投書が掲載された第40号を最後に、『海外仏教事情』も廃刊となったようである。

海外宣教会の消滅
　1893年の後半以降には、各宗派による海外布教への本格的な取り組みがはじまった。日蓮宗の旭日苗らは、すでに朝鮮布教に着手していたが、93年7月「海外宣教会」(のちに「日宗海外宣教会」と改称) を組織し、広く賛同者を募り布教資金の募財に着手した98)。一方、

浄土宗は93年10月に「布哇宣教会」の設立を発表し、翌年からハワイ布教に着手した99)。

　宗派単位での海外布教が実動に移ると、海外宣教会の存在意義はますます希薄になっていったことであろう。1893年12月発行の『反省雑誌』の社説「明治二十六年を送る」は、日蓮宗と浄土宗が海外布教に着手したことに言及した後に次のように述べている。

　　吾党新年の慶語として今年劈頭壮語を放ちて読者に紹介せし仏蘭西開教の立消え是なり。島地黙雷師セーヌ河の麗都に在らす。却て本山執行長の椅子に倚らる。為めに一度動かんとせし仏教新運動の形勢は一変して保守の埃塵十又有丈。再び六条の天地を埋み亡の甚しきに至りては今度普通学の無用を唱へて憚らざるものあるに至る。以て京都宗界の意向を察するに足れり。彼れ海外宣教会が最も頼みある。最も積極的運動なるに拘はらす。海内一人の奮て之を保助するなく。日一日微哀に帰するの観ある100)

　こうして、翌1894年4月には、『反省会雑誌』に次のような「広告」が発表された。これは事実上の海外宣教会の消滅を告げるものであったと考えられる。

　　従来本会より毎月海外仏教事情を発行し本会諸般の報道を掲載し来り候処本月より本会に関する記事は悉く反省雑誌を以て報道し会員諸君に御送致申す事に致し候此段広告仕候也
　　　移転　京都市下京区東中筋北小路下ル拾二番戸
　　　明治廿七年四月　　　　海外宣教会本部101)

おわりに

　本論「はじめに」で海外宣教会の特質として、①宗派の枠を超えて日本仏教界としての結束を目指した点、②海外の仏教勢力との連絡・提携も志向していた点、③海外布教の実施を日本仏教の改革と一体のものと認識していた点の3つを掲出した。

　上記の内、①と②とは、欧化主義全盛とキリスト教への対抗という1880年代後半の時代状況に強い影響を受けて推進されたものであった。ところが、90年を境として、仏教界全体の趨勢が日本仏教の優位性を意識し、宗派の統率を重視する傾向に向かうと、こうした点を掲げる海外宣教会は急速に社会的支持を失っていった。そして日清戦争を契機として本格化した海外布教では、もはや諸外国の仏教勢力との対話を考慮せず、日本の植民地化政策に便乗して、自らの宗派の権益を拡張することに主眼を置いたものになっていったのである。その意味で、①と②の点において、海外宣教会の取り組みが引き継がれることはなかったのである。それでは、残る③の点についてはどうであったろうか。

　1893年4月発行の『海外仏教事情』掲載された論説のなかで、古河老川は、それまでの過去20年間に曲がりなりにも日本仏教が変革に向けた努力を続けてきたのは、廃仏毀釈とキリスト教への脅威があったからにほかならいと述べている。しかし、その脅威が去ろうとしている今日、再び日本仏教は安逸を貪り真摯に旧弊を改めていこうとする姿勢が失われつつあると指摘している。そして「海外宣教問題こそ日本仏教革新の刺激剤」といい、次のように論じている。

　　今日老朽の日本仏教をして尚世に成長せしめんとするも、大に其欠点を補ひ其弊害を除からざるべからず、之をなすには内よりすると外よりするとの二あれども、要するに外に敵少なくとも忠告者有りて常に我欠点に注意し之を説き或は之を罵り或は

之を正す事あるを要す102)

　外圧が日本仏教を変革する一助となり得るとしても、内にどのような変革の原動力と展望があるというのであろうか。同年、海外宣教会と協調関係にあった『國教』の社説も「対外的新運動は仏教改革の烽火台なり。跼内的旧蠢動は仏教非改革の哨兵線なり」と記し、本願寺派の海外布教に対する姿勢を批判した103)。しかし、海外布教が日本仏教の改革にどのように寄与し得るのかについては明確に論究されていない。

　もちろん、日清戦争後の日本仏教の海外布教にあっても、開教使（師）のなかには、海外での経験から日本仏教各宗派の問題点を自覚し、教団改革案を提示するものも存在した。しかし、それらの言説・活動は断片的なものに終わり、その後の日本仏教の変革に大きな成果を生むことにはならなかった。海外宣教会が、もしこの点にさらに論究し得ていたならば、海外布教のもつ意義と課題がより明確となったことであろう。変革すべき日本仏教の課題を究明する姿勢を有しつつ、海外の仏教者と対峙するとき、宗派性と教団利害に固執するあり方の問題が一層明確に照射され、仏教の普遍的立場の回復に向けた道筋が導き出されることになったかもしれない。しかし、海外宣教会にあっても、その方向性は萌芽的に示されたに過ぎず、後の日本仏教にこれを継承・発展していく動きが現れることもなかったのである。

〔註〕

1) この点は、すでに中西直樹著『植民地朝鮮と日本仏教』（三人社、2013年）第1章において論じた。
2) 『龍谷大学三百年史』650頁（龍谷大学出版部、1939年）。
3) 「欧米通信会」（『反省会雑誌』第1号、1887年11月）の記述による。ただし、『反省会雑誌』創刊号附録の「欧米通信会趣意書」の現物は確認できなかった。この附録は、雄松堂が作製したマイクロフィル版の『反省会雑誌』に収録されておらず、中央公論社が創業90年を記念して刊行した復刻版『反省会雑誌』第1号にも添付されていない。
4) 雑録「通信会の改革」（『反省雑誌』第9号、1888年8月）。
5) この附録は、「海外宣教会創立趣意書」と「海外宣教会規則」とを表裏に印刷した一枚ものであるが、前掲のマイクロフィル版『反省会雑誌』には収録されていない。また、「海外宣教会趣意書」と「海外宣教会規則」とは、1888年8月26・28日付『明教新誌』に転載されており、『教学論集』第57編（同年9月）にも、「海外宣教会趣意書」と「海外宣教会規則」の抄録が転載されている。「海外宣教会規則」については、『海外仏教事情』第1集（1888年12月）の「本会報告」にも掲出されている。
6) 「海外宣教会録事」（『反省会雑誌』第11号、1888年10月）。この役員名簿は、翌月刊行の『海外仏教事情』第1集の「本会報告」にも掲出されている。
7) 井上泰岳編『現代仏教家人名辞典』241頁（現代仏教家人名辞典刊行会、1917年）、北陸学園百年史編纂委員会編『北陸学園百年史』954頁（福井県北陸高等学校、1982年）。
8) 『学林江被仰出申渡帳』（『龍谷大学三百五十年史』史料編第4巻、1992年）によれば、里見了念は1885年3月29日に普通教校監事に任じられている。「普通教校規則」には、幹事の職制を校長のもとにあって、「校務の事務を監督し校長不在の時は代て事務を綜理す」と定められている（1885年2月6・10・12・20日付『明教新誌』）。しかし、『学林江被仰出申渡帳』に校長が

任命された記事を見いだせないため、実質的に了念が普通教校を綜理する立場にあったと考えられる。

9）『本山達書（明治21年）』（前掲『龍谷大学三百五十年史』史料編第4巻所収）。この訓告は、明如上人伝記編纂所編『明如上人伝』（明如上人廿五回忌法要事務所、1927年）、前掲『龍谷大学三百年史』などにも全文が引用されている。

10）前掲『本山達書（明治21年）』。前掲『明如上人伝』などにも一部が引用されている。

11）中川洋子「神仏教導職廃止後の仏教―反省会の仏教改革論を中心に―」（『佛教史研究』第37号 2000年3月）。また前田慧雲著の『本願寺派学事史』は、二院一寮体制が採られた背景を「当時欧化熱の反動として国粋保存説盛んなりしを以て、普通校の如き僧俗混沌の如き教育を否とする説起るに由る」と指摘している（『真宗叢書別巻　前田和上集』興教書院、1930年）。

12）「本会報告」（『海外仏教事情』第3集、1889年10月）。

13）「文学寮長里見了念氏の辞職」（『反省会雑誌』第17号、1889年4月）。なお、「真宗学庠沿革」『教海一瀾』第2号、97年8月20日）も了念の辞職を89年7月としているが、真宗本山本願寺執行所簿書部発行の『本山月報』第1号（90年1月）には、89年12月6日付で了念が文学寮用係を依願免職になったと記載されている。

14）「本会記事」（『海外仏教事情』第5集、1989年12月）。

15）前掲『現代仏教家人名辞典』241頁、前掲『北陸学園百年史』954頁。

16）龍谷大学編『仏教大辞彙』（冨山房、1914年）。

17）鷹谷俊之著『高楠順次郎先生伝』（武蔵野女学院、1957年）。

18）前掲『学林江被仰出申渡帳』。「普通教校規則」では、書記の職責を「校内の諸筆記を掌り兼て監事の事務を輔佐す」と規定しており、同年12月3日付『奇日新報』には「監事里見了然氏東上中は書記日野義淵氏が校務を代理す」との記述がある。

19）中西直樹「明治期仏教教団の在家者教育の一齣―一八九二年

「文学寮改正事件」と中西牛郎―」（赤松徹眞編『日本仏教の受容と変容』永田文昌堂、2013年）。

20) 1892年7月22日付『明教新誌』。

21) 普通教校・文学寮の教員人事記録は、1888年末までのものが前掲『学林江被仰出申渡帳』に、89年12月以降のものが真宗本山本願寺執行所簿書部発行の『本山月報』の「任免辞令」や「教学記事」に記載されているが、記載事項に欠落があるようであり、89年中ほぼ1年間の事情を把握できるような資料も見当たらない。しかし、これらによれば、『明教新誌』に記載された7名の教員のうち、普通教校時代からの教員は87年6月就任の中村鼎五と同年10月就任の中川太郎のみで、奥平源太郎と田中錬太郎は91年8月に、湊源平は同年9月に就任しており（前掲『本山月報』第19・20号「教学記事」、91年8・9月）、頻繁に教員が入れ替わっていたことがわかる。

22) 日野義淵は、1891年6月に文学寮建築係を命ぜられ（『本山月報』第17号、91年6月）、同年9月には文学寮幹事となった（『本山月報』第20号、91年9月）など、文学寮運営の中心的役割を担い、文学寮改正事件の際には、92年7月21日に「本日ヨリ一週間文学寮残務取扱」を命ぜられている（『本山月報』第29号、92年9月）。

23) 前掲「本会記事」（『海外仏教事情』第5集）。

24) 日野義淵の辞令は広島県府中市の明浄寺に所蔵されている。またこれによれば、大谷光瑞（鏡如）からの信任の厚かった義淵は、1896年以降、再び本山でと出仕して98年に執行となり、1900年3月に文学寮長に就任し、文学寮が佛教高等中学校に改組されると、同年4月9日に同校長に就任したが、その3日後に病のため世を去った。

25) 中江伸編『一枝群茎―足利義山とその一族―』（2010年）、『海外開教要覧（海外寺院開教使名簿）』（浄土真宗本願寺派宗務所内海外開教要覧刊行委員会編集・発行、1974年）、里見了念の自坊である福井県鯖江市正覚寺に残されている資料をもとに、

関係者の略系図を示すと次のようになる。

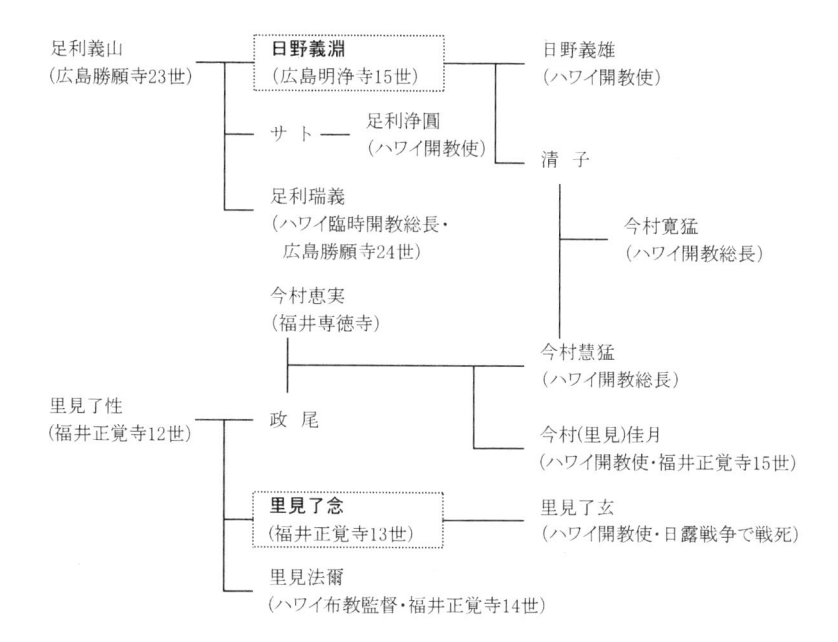

```
足利義山 ─┬─ 日野義淵 ─┬─ 日野義雄
(広島勝願寺23世)  (広島明浄寺15世)    (ハワイ開教使)
          │
          ├─ サト ─── 足利浄圓        清 子
          │         (ハワイ開教使)
          │                        ┌─ 今村寛猛
          └─ 足利瑞義                │  (ハワイ開教総長)
             (ハワイ臨時開教総長・      │
              広島勝願寺24世)         │
                                   ├─ 今村慧猛
          今村恵実                    │  (ハワイ開教総長)
          (福井専徳寺)                │
                                   ├─ 今村(里見)佳月
里見了性 ─┬─ 政 尾                     │  (ハワイ開教使・福井正覚寺15世)
(福井正覚寺12世) │                     │
          │                        └─ 里見了玄
          ├─ 里見了念                    (ハワイ開教使・日露戦争で戦死)
          │  (福井正覚寺13世)
          │
          └─ 里見法爾
             (ハワイ布教監督・福井正覚寺14世)
```

26）水月哲英編『糸島郡誌』1235〜1236頁（福岡県糸島郡教育会、1927年）。本書では、神代洞通の普通教校教員就任を開校前年の1885年としている。

27）前掲『学林江被仰出申渡帳』。

28）『開明新報』は、東京発行の『奇日新報』が京都に移り、紙名を改題したものである。1888年4月1日に『奇日新報』が京都に移った際に神代洞通が編集人となった。（「奇日新報社の移転」〔『伝道会雑誌』第10号、88年3月〕、「奇日新報」〔『令知会雑誌』第61号、88年4月〕、「奇日新報」〔『反省家雑誌』第17号、88年4月〕）。その後、同年11月1日より日刊紙となり、『開明新報』と改められた（「特別広告」〔『海外仏教事情』第3集、88年10月〕）。

29）真溪涙骨は、当時のことを「西本願寺からは「開明新報」といふのが出て海外宣教会と相提携して松山松太郎氏等を中心とし

て欧文雑誌も発行され可なり仏教のために気を吐いたものです」と回想している（「明治時代の仏教新聞界　中外日報創刊当時の回顧」〔『現代仏教』十周年記念特輯号、1933年7月〕）。

30）前掲『糸島郡誌』。『本山月報』第24号（1892年1月）によれば、神代洞通は、92年1月21日付で崇信教校総監を命ぜられており、この頃までに帰郷したものと考えられる。

31）「我誌の改良を予告す」（『反省雑誌』第6年第10号、1891年10月）。

32）『反省雑誌』号外（1892年1月）。

33）井上哲雄著『真宗本派学僧逸伝』272～273頁（永田文昌堂、1979年）、岡村周蔵編『真宗大辞典』第3巻、1804頁（永田文昌堂、1936年）。

34）前掲『学林江被仰出申渡帳』。

35）前掲『真宗本派学僧逸伝』、前掲『真宗大辞典』第3巻。

36）ただし、会の発足当初には故郷の石見を巡回して会員募集活動をしていたことが報告されている（「海外宣教会録事」〔『反省会雑誌』第11号、1888年10月〕）。

37）前掲『龍谷大学三百五十年史』822～826頁。

38）『伝道会雑誌』は、第3号（1887年8月）の「雑報」で海外宣教会の創設と『THE BIJOU OF ASIA（亜細亜之宝珠）』創刊のことを報じ、第5号（87年10月）から第7号（87年12月）にかけて「海外宣教会録事」を掲載している。

39）『本山月報』第27・28号（1892年5・7月）、『伝道新誌』第5年第6号（92年6月）掲載「服部範嶺氏」。

40）1886年12月24日付『日本宗教新聞』。同様の記述は、『龍谷大学三百年史』にもみられる。

41）前掲『学林江被仰出申渡帳』。

42）『創立六十周年記念　千葉県師範学校沿革史』附録「創立以来ノ旧職員」（千葉県師範学校編集発行、1934年）。同書によれば、武田篤初は1881年7月から86年5月まで、里見法二は81年9月から84年9月まで教師として在職している。この里見法二の職

歴は、福井正覚寺所蔵の里見法爾の自筆「履歴書」の記述とも一致するため、里見法二と里見法爾は同一人物と考えられる。なお、武田篤初の経歴は、前掲『真宗大辞典』第3巻、1475頁を参照。

43) 前掲『創立六十周年記念　千葉県師範学校沿革史』127頁。また卒業生のひとりは、「職員の手島春治、吉見經緯、宮村三多、香川熊藏、小池民次、村山自供彊、武田篤初諸先生は生徒間に相当畏敬された」（124頁）と回想している。

44) 前掲『学林江被仰出申渡帳』。なお、和田義軌は、当時の発行の『日本宗教新聞』には「和田義軏」と記されている（1886年12月24日付及び87年3月24日付同紙）。しかし、前掲『龍谷大学三百五十年史』などでは、「和田義軌」としており、和田の執筆した「有為活発溌ナル僧侶諸士ニ呈ス」を掲載した87年1月発行の『伝道会雑誌』第1号でも名を「義軌」と記している。

45) 前掲『学林江被仰出申渡帳』。

46) 1888年5月の幹事改選の際に、手島春治は「翻訳係」となった（「本会報告」（『海外仏教事情』第3集、1889年10月）。手島は英学教授として採用さているが、『千葉県地誌略字引』（立真社、83年）、『日本文法教科書』（金港堂本店、90年）などの編著書があることから、専門は国語学であったと考えられる。

47) 『本山月報』第19号（1891年8月）。

48) 『反省会雑誌』第9号（1888年8月）掲載の松山松太郎演説、桜井義肇筆記「普通教校生徒職君ニ告ゲ併セテ望ム所アリ」の中で、松山は「余ハ本校創立ノ際ヨリ教授ノ任ヲ帯ビ（以下略）」と演説しており、86年11月14日付『明教新誌』には「真宗本願寺の普通教校は土屋寛松山松太郎その他諸氏の周旋にて東中筋七条上る所に同校の分校を設立（以下略）」との記事がある。

49) 「海外宣教会録事」（『反省会雑誌』第11号、1888年10月）に「本願寺普通教校教授タル松山松太郎ハ昨廿年三月七日ヲ以テ試ニ一書ヲ米国神智学会ニ寄セシ」とあり、この点は『海外仏教事情』第1号の「緒言」でも記されている。

50）松山松太郎著兼発行『欧米仏教新論集』第1編（1889年）。
51）前掲『学林江被仰出申渡帳』によれば、文学寮改組時の1888年12月に松山は文学寮英語教授としての辞令を受けたが、91年8月発行の『本山月報』第19号掲載の文学寮の教員人事に関する記事に松山松太郎の氏名は見当たらない。したがって、この間に松山は文学寮を辞職したものと推察される。
52）松山松太郎（緑陰）著『万国宗教大会議』上・下巻（興文社、1893・4年）。
53）この時のハワイ視察の記録をまとめたものとして、曜日點紅（蒼龍）箸・発行『布哇紀行』（1890年）がある。この書は、中西直樹編『仏教海外開教史資料集成』（ハワイ編）第2巻（不二出版、2007年）に収録されている。
54）「布哇国へ教師派遣の必要」（『教学論集』第57編、1888年9月）。
55）「布哇国出稼日本人衛生年報」（『教学論集』第58編、1888年10月）。
56）「会員洋行」（『曹洞扶宗会雑誌』第11号、1888年12月）。
57）前掲『布哇紀行』。
58）柱本瑞俊編『明如上人日記抄』67頁（本願寺室内部、1927年）。
59）『本山達書』自明治二十年至明治二十二年。この訓令は1889年11月26日付『明教新誌』掲載の「仏教伝道院に就て」のなかでも引用されている。
60）1889年7月25日付『浄土教報』。
61）この傾向を最も顕著に示すのが仏教系の女学校であろう。1880年代後半にキリスト教に対抗して設立された仏教系女学校は20校以上を数えたが、1890年以降にそのほとんどが廃校となっている（中西直樹著『日本近代の仏教女子教育』法藏館、2000年）。
62）『本山月報』第5号（1890年6月）。
63）こうした説明は、すでに1902年刊行の藤井秀五郎著『新布哇』（文献社）にみえており、山本芳雄も「ハワイに於ける仏教の揺籃時代」（1961年）で指摘している。現地ハワイでは、キリ

スト教との軋轢を避けるため、そういう方便論が用いられる場合もあったようである。

64）常光浩然著『布哇仏教史話―日本仏教の東漸―』（仏教伝道協会、1971年。後に前掲『仏教海外開教史資料集成』（ハワイ編）第4巻に収録）、「布哇国仏教伝道院に就ての訓令取消」（1890年6月16日付『明教新誌』）。なお、この『明教新誌』の記事は本書第三章に記載した。

65）『伝道会雑誌』第19号（1889年12月）。

66）九州仏教団については、本書第三章を参照されたい。

67）『國教』第1号（1890年9月）、本書第三章。『國教』第1号には、中西牛郎の「九州仏教団に就いて」という評論も掲載されている。

68）前掲『龍谷大学三百年史』877頁。また『本山月報』第7号（1890年8月）によれば、同年7月15日付で、足利義山と福田行忍が「東陽圓月調査中内局監事」を命ぜられており、翌月発行の『本山月報』第8号掲載の「東陽圓月調査記事」で事件の経緯が説明されている。

69）中西牛郎は、九州での「通仏教」的勢力結束の指導的立場にあり、明如に見いだされ米国に宗教視察に赴き、後に文学寮の教頭に就任した。中西牛郎については、本書第三章、前掲「明治期仏教教団の在家者教育の一齣」、中西直樹「日本ユニテリアン協会の試みと挫折―宗教的寛容と雑居性との狭間のなかで―」（『龍谷史壇』第114号、2000年6月）を参照されたい。

70）二葉憲香・福嶋寛隆編『島地黙雷全集』第5巻（本願寺出版協会、1978年）収録の「年譜」（865頁）にも、1893年3月より海外宣教会会長に就いたとある。

71）九州仏教倶楽部は、中西牛郎ら京都在住の九州出身者により1890年12月に結成された団体である。九州仏教倶楽部については、本書第三章を参照されたい。

72）「松山緑陰君の盛会的間接運動」（『國教』第22号、1893年6月）、「海外宣教会の英訳仏書施本部数」（『國教』第29号、93年12

月）など。

73）森直樹編『仏教対外論』（國教雑誌社、1893年）には、『海外仏教事情』第26号（92年7月）掲載の松山緑陰著「シカゴ大博覧会に就て仏教者に望む」と、同第29号（92年10月）掲載の島地黙雷著「大乗西漸の機運」が収録されている。また松山松太郎には九州仏教倶楽部主催の、九州夏期講習会の講師としても名前が挙がっている（本書第三章）。

74）註52）掲出『万国宗教大会議』。また『海外仏教事情』第24号（1892年3月）と第25号（同年4月）に、続けて中西牛郎の文が掲載されている。

75）1891年9月15日付『浄土教報』。

76）文学寮学生が『海外仏教事情』の編集にどの程度関与していたかは不明である。しかし、普通教校時代には、桜井義肇ら学生も編集作業に加わっていたようである（常光浩然著『明治の仏教者』春秋社、1868）。

77）「巴黎の仏教」（1890年6月25日付『浄土教報』）、「仏教徒の万国大会議」（90年7月18日付『明教新誌』）。91年8月23日発行の『日宗新報』掲載の「仏国の仏教信者」に至っては、その当時15万人まで仏教信者が増加したと報じている。

78）「仏国パリ府の仏教徒」（『海外仏教事情』第11集、1890年6月）、「パリ府海外宣教会支部に就て」（『海外仏教事情』第15集、90年11月）。

79）「仏蘭西巴黎の仏事法要」（『海外仏教事情』第20集、1891年4月）、「巴黎報恩講の詳報」（91年5月26日付『明教新誌』）。

80）「仏光巴里に輝かんとす」（1892年6月28日付『明教新誌』）、「巴里仏教学校」（92年6月30日付『明教新誌』）、「仏国撰択宗」（『海外仏教事情』第27号、92年8月）。

81）「フランス国の仏教現況」（『海外仏教事情』第30号、1892年11月）。

82）『明治二五年　定期集会筆記』従第一三号至第二五号　乙号。

83）84）前掲『明如上人日記抄』前編　224〜228頁。

85）中西直樹編『仏教海外開教史資料集成』（北米編）第6巻所収「解題」（不二出版、2009年。後に中西直樹著『仏教海外開教史の研究』〈不二出版、2012年〉に収録）。さらに本願寺派は、島地黙雷の海外渡航を阻止するために黙雷を執行に任命した。黙雷は、万国宗教会議に出席するため渡米する蘆津實全に宛て「一旦集会も可決候得共本山に於て許容不致剰へ執行之任務に束縛せられ候の有様にて御同伴不能遺憾之至に御座候」と書き送っている（「島地黙雷師の遺憾状」〔『國教』第25号、1893年8月〕）。

86）「海外宣教会の美挙」（『伝道新誌』第6年第2号、1893年2月）。

87）1892年10月8日付『明教新誌』。また93年2月6日付の社説「欧米布教の一階梯」でも、莫大な費用が必要となる割に確実な成果の見込めない欧米布教に着手する以前に、英語仏書を配布すべきであると主張している。

88）「英訳仏書配布の一必要」（1892年10月26日付『明教新誌』）。

89）「英文仏教小冊子発行の美挙」（1892年12月18日付『明教新誌』）、「英訳仏教大意」（93年6月22日付『明教新誌』）、「英訳仏教大意」（93年6月25日付『京都新報』）。

90）「渡米に代るに施本」（1893年3月30日付『京都新報』）。

91）1893年2月20・22日付『明教新誌』。

92）オルコットが1888年に来日した際の接待・巡回などを海外宣教会が一手に対応したことが、『海外仏教事情』第2号（88年5月）掲載の「本会報告」に記されている。

93）1889年以降、急速に日本仏教界の神智学熱は冷めていき、すでに91年にオルコットが2度目の来日を果たした際にはほとんど話題にならなかった（吉永進一「明治期日本の知識人と神智学」〔川村邦光編『憑依と近代のポリティクス』青弓社、2007年〕）。

94）こうした傾向は、特に日本が植民地化していったアジア諸国の仏教勢力に対して顕著といえよう。前掲『植民地朝鮮と日本仏教』。

95）「海外宣教曷ぞ捗らざる」紀伊碧翠居士稿（1893年5月16日付

『京都新報』)。

96)「真宗と海外宣教の関係に就き」在比叡山西塔　豊水隠士(『海外仏教事情』第40号、1893年11月)。

97) その後の本願寺派の北米開教のあり方を考えれば、こうした期待がまったく実現性のなかったものとは言えないであろう。北米では、戦前から本願寺派以外の宗派がほとんど進出してこなかったことを受けて、本願寺派の布教所は「仏教会」を称して日系コミュニティを代表する組織として存続してきた(前掲『仏教海外開教史の研究』第2章)。その「通仏教」的傾向と真宗教義との関係づけには、いまだ多くの課題が残されているようであるが、封建期以来の宗学を再検討する上でも、こうした通仏教的な視点が全く無意味であったとは言えないであろう。

98)「海外宣教会」(『日宗新報』第504号、1893年8月30日)、前掲『植民地朝鮮と日本仏教』第2章。

99) 1893年10月25日付『浄土教報』、前掲『仏教海外開教史の研究』第1章。

100)『反省会雑誌』第8年第4号(1893年12月)。

101)『反省雑誌』第9年第4号(1894年4月)。

102) 古河老川「海外宣教問題と日本仏教の革新」(『海外仏教事情』第33号、1893年4月)。

103) 社説「対外的新運動と躬内的旧蠢動」(『國教』第25号、1893年8月30)。

(付記) 本稿の執筆にあたっては、各方面から資料収集に対するご協力をたまわった。特に里見了念師の自坊である福井県鯖江市正覚寺住職の里見淳英氏と、日野義淵師の自坊である広島県府中市明浄寺住職の立神義昭氏には貴重な資料や情報をお寄せいただいた。一言お礼を申し上げたい。また、本論執筆にあたっての資料収集には、財団法人本願寺派教学助成財団の2014年度研究資金助成を受けた。記して感謝したい。

第二章

仏教ネットワークの時代
―― 明治20年代の伝道と交流 ――

吉 永 進 一

はじめに

　『反省会雑誌』13号（1888年12月）は、「終る一週年間の出来事」[1] と題する社説を発表している。そこには、意気軒昂たる調子で、創刊後一年間の間にとりあげた話題として、排酒主義、女子教育などと並んで「海外宣教」「仏教者の来往」といった日本仏教の海外との交流が大きな話題として挙げられていた。欧米仏教徒との通信記事は「殆雑誌三分の一の欄内を埋め、大に紙上の光彩を加え、其売高を増したる原因に相違」なく、英語仏教新聞『亜細亜之宝珠』THE BIJOU OF ASIA は海外でも評判となり、海外の刊行物（パス新誌、仏光新聞、ブディスト新聞、密議の語新聞、オレゴン州宇内共和新聞、セオソフィスト新聞）も日本仏教の記事を多く掲載している。彼らは完全な仏教を知っていないので、日本仏教を伝えれば「彼等は求めて大乗円教の機関たるは亦疑いあるべからず」と自信満々に語っている。また「仏教者の来往」として、翌年に予定されている神智学協会々長オルコットの来日を歓迎し、井上円了の世界周遊旅行をはじめとする日本人僧侶の海外渡航を賞賛している。

　しかし、その5年後の『反省雑誌』第8年第12号巻頭記事「明治二十六年を送る」では、情勢は一変している。同年は、「教育と宗教の衝突」事件、あるいはシカゴでの万国宗教会議への日本からの仏教代表者出席といった、仏教側には好ましい事件が続いたはずにもかかわらず、その調子は暗い。同記事は、同年の年頭に計画された島地黙雷のフランス開教が立ち消えになり、本山執行長に任命されて、身動きがとれなくなっていることを報告した上で、「一度動かんとせし仏教新運動の形勢は一変して保守の埃塵十又有丈。再び六条の天地を埋み

亡の甚しきに至りては今更普通学の無用を唱えて憚らざるものあるに至る。以て京都宗界の意向を察するに足れり。彼れ海外宣教会が最も頼みある。最も積極的運動なるに拘わらず。海内一人の奮て之を保助するなく。日一日微衰に帰するの観ある。」[2]という悲観的な意見を述べている。

　以上の二つの記事の間、『反省会雑誌』をはじめとする仏教メディアで、海外の「仏教徒」との交流が盛んに報じられていた時期があった。同誌創刊の明治20（1887）年に始まり、平井金三を中心とするオルコット招聘運動と、海外宣教会を中心とする海外（欧米）伝道熱、英字仏教紙 *THE BIJOU OF ASIA* の発行といった流れをとり、明治22（1889）年のオルコット来日というクライマックスを迎え、その後は急速に勢いを失いながらも、明治26（1893）年のシカゴ万国宗教会議まで続く。

　特に、明治20年から22年までの2年間は「欧米仏教」ブームといえるほどの活況であった。それは、その後に来る、宗門主体の植民地、日系移民、あるいは欧米人対象の伝道活動とは、いくつかの点で質的に異なる。日本側は、英語に堪能な居士仏教者と普通学を修め西洋の学問に通じた若手僧侶たちが主体であり、彼らの多くが進歩的な仏教改革論者であった。海外の「仏教徒」たちも、セクト主義への批判、普遍宗教への関心、世界の仏教者の連帯、道徳的社会改善（禁酒）など、意見を同じくする場合が多かった。

　さらに、アジア、欧米各地で同時発生的に、仏教、もしくは仏教に共感的なメディアが誕生していたことは、この時期の特徴として挙げられる。日本仏教の近代化が進みはじめた時期であると同時に、世界の仏教が復興、変容しつつあった時期でもある。試みに19世紀末に創刊された英字仏教雑誌を挙げてみると、以下のようになる。これらは孤立して発行されていたのではなく、*THE BIJOU OF ASIA* を含めて、英語を共通語として、日本、スリランカ、インド、アメリカ、

ヨーロッパなどの間に、郵便と出版を介した仏教ネットワークが存在していた。

※初期の英字仏教定期刊行物

	題名	編集者／発行者	発行期間	発行地
1	*Buddhist Ray*	Philangi Dasa（Hermann Vetterling）	1888-1894	カリフォルニア州サンタクルース
2	*Buddhist*	C.W.Leadbeater ?／Buddhist Theosophical Society	1888-1901	セイロン
3	*THE BIJOU OF ASIA*（亜細亜之宝珠）	松山松太郎／海外宣教会	1888-1889	京都
4	*Maha Bodhi*	Anagalika Dharmapala / Maha Bodhi Society	1892-1933	カルカッタ
5	*The Bauddha Bandhu*		? - ?	チッタゴン

　本論文では、時期的には明治20年代を中心にし、『反省会雑誌』、『海外仏教事情』、そして *THE BIJOU OF ASIA* に見られる交流の場がどのようにして構築されたのかを、西洋側と日本側からたどっていく。最初に西洋、とりわけアメリカの仏教へのアプローチについて論じ、続いて日本側からの欧米仏教者の受容状況、そしてどのような伝道活動があり、それが日本の改革運動にどうつながったのかを論じていく。

1　「欧米仏教」

　明治22年、『欧米仏教新論集』（松山松太郎、1889）と名づけられた翻訳論集が出版されている[3]。後述の松山松太郎が翻訳編集、出版したもので、松山は次のような緒言を書いている。

　「今や泰西開明社会に於て人心は物質的激進の弊に堪えずして之が

反動の端を発し開進の方向一転して将に霊性的に向わんとする」(原文旧字カタカナ)。つまり、西洋社会は物質文明で行き詰まり、精神(霊性)文化が注目され、そのために仏教は高く評価されている。ただし、その仏教には二種類ある。ひとつは「サイアム、ビルマ、セイロン、北印度、モンゴリヤ及び支那等」からキリスト教伝道師が持ち帰った南北仏教で顕教である。もうひとつは「神智学会を経て「マハートマ」即ち「アルハト」より伝えんもの」で、こちらが密教である。西洋人が「重もに其信を帰するは密教にあり」。現在、「第十九世紀開明の大運動は殆んど全地球の表面を合せて一大社会を形成」しており、「社会の事物は巨細を論ぜず世界的運動」をなしているので、仏教徒も世界仏教の動向を注目すべきだと、その緒言を結んでいる[4]。

　松山の言うように、確かに19世紀末の欧米に「仏教徒」はいた。アジアから仏教伝道者が行く以前のことであり、彼らの「仏教」は、基本的には書籍から得られたものではあったが、たとえばオルコットやフェノロサのようにアジアで居士戒を受けた仏教徒、フィランジ・ダーサのような自称仏教徒、ポール・ケーラスのような仏教に理解を示す知識人、あるいはエドウィン・アーノルドの『アジアの光』を読む仏教シンパなど、いろいろな度合いの「仏教徒」がいた。

　それでは彼らはなぜ仏教に引かれ、そしてどのように仏教を理解したのか。それについて、トマス・A・ツイードは、仏教に接近したアメリカ人を、オカルト的興味を持つ「秘教主義者」、道徳として仏教を評価する「合理主義者」、美的な関心で仏教文化に接近する「ロマン主義者」の三種の理念形に分類している[5]。その中で「仏教徒」を大胆に自称できたのは「秘教主義者」に分類される人々である。彼らは、仏教の魅力を次のように語っている。

　『欧米仏教論集』に収録されている「ゼローム、エ、アンダーソン」「仏教ハ果タシテ冷笑ニ附シ去ッテ可ナルヤ」[6]によれば、キリスト教は感情的宗教で、地獄で脅かして信仰を強制し、知性を軽視してい

る。キリスト教の造物主は人的な存在で、仏教は無限進化説で人格神が存在しない。キリスト教は神の恩恵で救済を得るが、仏教は自力の功徳である。キリスト教はイエスと恩寵で罪を許されるが、仏教はカルマの原則に従う。キリスト教は進化を信じないが、仏教は進化を説き、科学と一致するとされる。つまり、知的、科学的[7]、人間中心的な点で仏教はキリスト教より優れているという意見である。

　あるいは『海外仏教事情』第1集に紹介されているフィランジ・ダーサ「何故ニ仏教ナルヤ」[8]と題する記事によれば、神やイエスではなく、人間の自己責任をうたい、神ではなく人間の心に立脚点をおくこと、地獄の存在を否定していることで共通している。さらに、平和主義、動物愛護、男女平等、そして禁酒も仏教の特徴に挙げられている。

　もちろん、こうした特徴が必ずしも現実のアジア仏教と一致しないのは周知の通りだが、そのような仏教理解はどうして出てきたのか。

　19世紀アメリカで、仏教や東洋思想につながる霊的思想には、スピリチュアリズム、ニューソート、神智学の三種類があり、いずれもメスメリズム（催眠術の原点）を源泉とする。教義面で共通する点は、死者（スピリチュアリズム）あるいは生者（ニューソート、神智学）にせよ、人間の心（霊魂）には特別な力があること、そして神の恣意ではなく、合理的な規則が超自然も支配しているという前提があった。従って、キリスト教ほど人格神は重要でない。運動としては、巨大な教団となった例もあるが（クリスチャン・サイエンス）、個人主義が強く、組織化を嫌う風潮がある。

　これらの運動は、さらに、政治的には進歩改良主義とも近かった。たとえば、スピリチュアリズムをフェミニズムの観点から研究したアン・ブロードは「霊媒術において、女性の宗教的指導権がアメリカ史においてはじめて標準的なものとなった」[9]という。女性が主導権をとりうる霊的運動という点は、他の二つも共通している。さらに、

社会改良が運動の前面に出ることもあった。1873年に開かれたアメリカのスピリチュアリスト全国大会では、「スピリット・ライティング（注：霊による自動筆記）やテーブル・リフティング（注：コックリさんのもととなった霊との交流法）についてはほとんど語られず、児童と女性の権利について、教会と国家の分離について、聖職者の宗教的頑迷さについて多くが語られた」とポール・カーターは述べている[10]。

あるいは、仏教がアメリカで流行した1890年代、ベンジャミン・O・フラワー（Benjamin O. Flower）(1858-1918) という編集者がいた。彼を編集長として1889年にボストンで創刊された雑誌 *Arena* は、催眠術、心霊研究、クリスチャン・サイエンス、ニュー・ソートを重要な問題として取り上げ、「人民主義、社会主義、直接民主主義普及キャンペーン、女性投票権運動、社会浄化、言論の自由を擁護した」[11]といわれる。その *Arena* 誌が日本人、平井金三の日本宗教論 "Religious Thought in Japan"[12] を掲載したことは、このような改革思想の場が仏教を受容しやすかったことを端的に示している。

以上を要するに、19世紀末欧米の仏教シンパは、既成宗教（キリスト教）と既成の政治社会体制に批判的で、女権運動、社会主義、平和主義、禁酒[13]を主張する者が多かった。彼らが仏教の特徴としているものは、実は彼ら自身の理想でもあった。

それでは、欧米仏教徒は、どのように仏教を構築したのか。まったく根拠なしに自分たちの理想を紡いだわけではなく、それぞれ正統性を保証する根拠はあった。次に、三人の仏教者を紹介して、その仏教がどう形成され、どういう根拠があったのかを見ておきたい。

2 三人のアメリカ人仏教徒

三人の代表的アメリカ人「仏教徒」として、ここでとりあげたい人物は、ヘンリー・スティール・オルコット（Henry Steel Olcott）

(1832-1907)、ヘレナ・ペトロヴナ・ブラヴァツキー（Helena Petrovna Blavatsky）（1831-1891）、そしてカール・ハーマン・ヴェッターリング（Carl Herman Vetterling）（1849-1931）である。

　オルコットとブラヴァツキーは、神智学協会（Theosophical Society）の創立者として知られる[14]。オルコットはアメリカの旧家の生まれで、正義派の弁護士であり、南北戦争中は陸軍の物資調達に関係する不正事件を調査して功績をあげて「大佐」の称号を得ている。ブラヴァツキーは、旧姓をフォン・ハーンといい、ウクライナのドイツ系貴族の家に生まれている。父は軍人で母は小説家であり、母方の従兄弟にロシア首相になるウィッテがいる。アルメニアのエリヴァンの副知事ブラヴァツキーと結婚後間もなく出奔、世界各地を放浪して、1873年にアメリカに到着している（後にアメリカに帰化）。二人はスピリチュアリズムの研究を通じて知り合い、スピリチュアリズムを越える新たなオカルト理論を目指して1875年ニューヨークで神智学協会を結成する。実務面の中心は終生、会長を務めたオルコットで、思想面の指導者はブラヴァツキーであった。神智学協会のモットーは「真理より高い宗教はない」であり、現在のさまざまな宗教は古代の一つの真理から分かれてきたものという万教帰一論に立つ。さらに1887年に制定された協会の3つの目標では、同胞愛が、東洋思想研究やオカルト研究よりも先に謳われ[15]、博愛主義的な傾向を強めている。

　1877年、ブラヴァツキーは『ベールを剥がされたイシス』*Isis Unveiled*というオカルティズムや神秘思想を集めた大著を出版する。この時点では、フランスのオカルティスト、エリファス・レヴィによって近代化された西洋秘教思想に依拠したもので、エジプトを西洋文明の故地とする伝統に従い、そこにはインド思想の要素は少なかった。1878年、ブラヴァツキーとオルコットはアメリカを離れ、翌年インドに到着し、最終的には神智学協会本部をマドラス近郊のアディヤールに置く。

1880年5月25日、オルコットとブラヴァツキーは、セイロン、ゴールのウィジャナンダ僧院で居士戒を受けて仏教徒となっている。その後、オルコットはスリランカをはじめアジアの仏教復興運動に挺身し成功を収める。

インドへ移った後、ブラヴァツキーは、チベット（もしくはヒマラヤ山中）に住むモリヤやクート・フーミと呼ばれるマハトマ（大聖、あるいはマスター）に秘密仏教の教義を学んだと称するようになる。結婚後、世界を放浪している際に、チベットまでたどり着いたのだという説明が加えられる。しかもマハトマは、ブラヴァツキーの周辺に、手紙などを忽然と出現させるなどの超自然現象を起こし、アラハバード『パイオニア』紙の編集長アルフレッド・パーシー・シネット（Alfred Percy Sinnett）（1840-1921）は、ブラヴァツキーの周辺に起こった奇蹟やマハトマの教えを集めた『隠れた世界』 *Occult World*（1881）、『秘伝仏教』 *Esoteric Buddhism*（1883）を執筆している。二著は西洋世界でベストセラーとなり、神智学は「秘伝仏教」と同一視される（松山が欧米仏教を「密教」esotericと呼んだのはこのためである）。その後、彼女は、『秘伝仏教』をさらに展開した『秘密の教義』 *Secret Doctrine*（1888）を執筆しているが、こちらは「ヅヤンの詩句」という超古代文献を参照したという触れ込みであった。

その間、1884年、神智学協会の職員であったクーロン夫妻は、マハトマの起こした現象なるものが詐術であったことを暴露してスキャンダルとなる。さらに心霊研究協会の調査が行われ、詐術だけでなくロシアのスパイという嫌疑もかけられる。この事件でインドに戻ることのできなくなったブラヴァツキーは、1887年にロンドンに居を移す。ロンドンでは、その批判や暴露にもかかわらず、彼女のカリスマ的人気は衰えず、彼女を中心としてブラヴァツキー・ロッジという神智学ロッジが結成され、新たな弟子を集めて1891年に亡くなっている。オルコットは彼女のスキャンダルから組織を防衛し、神智学を拡

大させ、アジア諸国の仏教復興と南北仏教の連合を実現するために、日本への二度の訪問（1889年、1891年）を含めて、文字通り東奔西走している。

　彼ら二人は正式に受戒した上座部仏教徒であったが、もう一人の「仏教者」ヴェッターリングは、まったくの自称である[16]。スウェーデンからの移民でアメリカ移住後にスウェーデンボルグを知り、新エルサレム教会（スウェーデンボルグ派の宗派）の牧師となるが、スキャンダルがあり教会を退き、フィラデルフィアの医学校でホメオパシー医学を学ぶ。その後、神智学協会に入会、1884年から翌年にかけて*Theosophist*誌に「スウェーデンボルグ哲学の研究」を連載する。しかし間もなくこれも脱退している。

　1887年フィランジ・ダーサ（Philangi Dasa）という筆名で、*Swedenborg, the Buddhist, Or, the Higher Swedenborgianism: Its Secrets and Tibetan Origin*（Los Angeles: Buddhistic Swedenborgian Brotherhood, 1887）『仏教徒スウェーデンボルグ、あるいは高等スウェーデンボルグ主義、その秘密とチベット起源』［邦訳、大原嘉吉訳『瑞派仏教学』（博文堂、1893）］をロサンゼルスで出版、翌1888年よりサンタクルーズでアメリカ最初の仏教誌*Buddhist Ray*を発行している（1894年まで）。

　彼らの「仏教」は、当時の日本人の知る仏教とはかなり異なるものであった。ブラヴァツキーのいう「秘伝仏教」とは、七段階の進化を組み込んだ宇宙論とアストラル体などの身体の七重構成説を中心として、そこに東洋思想の用語をちりばめたもので、多くの研究者が指摘するように、それらは東洋思想と西洋オカルティズムの混合物である。その内容は『海外仏教事情』第1集に収録されているチャールズ・ジョンストン「幽玄仏教論」に集約されているが、西洋オカルティズムの文脈を知らない日本の仏教者にはかなり理解しにくいものであったに違いない。

　ブラヴァツキーの教説の真正性は、ヒマラヤのマハトマの元での修

学経験にあったが、彼女を信奉する人々にも、マハトマの存在が大きな意味を持っていた。セイロン仏教のリーダーとなるダルマパーラは、1883年にシネットの『隠れた世界』を読み、ブラヴァツキーではなくマハトマへの弟子入りを希望して神智学協会に入会している。最初はオルコットの弟子のような存在であったが、1905年でオルコットと決別し、神智学協会とはいったん離れている。しかし、オルコットと決別したあともブラヴァツキーとマハトマへの信仰は消えなかった。彼は1924年になっても「来世では頑健な肉体に生まれ変わり、ヒマラヤ山脈に登って、聖なる科学を学びたい」(1924年5月9日) [17] と日記に書いているほど、その信念は強かった。

このマハトマの存在は、1888(明治21)年には日本にも知られている。たとえば熊本の教育者、政治家、津田静一は、以下のようにブラヴァツキーを描写している。

「遠く印度の喜馬拉山に遊び該地にて禅学を修し仙術を学び居る阿羅漢の群に入り業を修むること七年遂に意志の作用に由りて風雨を呼び雷電を駆るの術を学び得たりとて先年米国に遊び又英国にも赴むきたるより其の説を聞き其の術を見たるものは大に仏法の功徳に感じ阿羅漢の大神通力を習わんと欲しブラツキーの門に入るもの少なからず」[18]（原文カタカナ、旧字）

これを伝えた津田静一は、「実に不思議の事にて局外の者には更に其理由を解する事能はされども」と断りを入れているが、ダルマパーラと比較すれば、温度差が明らかに感じられる。

フィランジ・ダーサは、『瑞派仏教学』の原題からも分かるように、スウェーデンの幻視的神学者スウェーデンボルグの教義を、仏教との類似で解釈しなおしたものである。ただし彼が「仏教」と考えたものが、多くは神智学的な仏教であることは、『瑞派仏教学』がブラヴァツキーの人間の七重構成論を借用していることからも明らかである。彼はスウェーデンボルグの「仏教」が中央アジアやチベットに由来す

ると考えていた。たとえば「奥義は称して古道と曰うべきものにして今尚お世に存し中央亜細亜の仏者之を持せり」「仏者は之を持してヒマラヤ山の深処人跡の到らざる幽奥に隠れて之を守れり」(「スウィデンボリイ氏の立義」原文カタカナ、旧字)と述べている。これはブラヴァツキーではなく、「大タタール」に太古の智慧が保存されているというスウェーデンボルグの言葉に基づいている[19]。さらに『瑞派仏教学』では、スウェーデンボルグは生まれつき「其の心内に亜細亜人の一断片を有せる」[20]ので、自由に呼吸をとめることでキリスト教に関すること一切を忘れてしまうとも述べている。つまりダーサの場合は、スウェーデンボルグの言説であることが、その真正性を保証していたということになる。

オルコットの「仏教」はどうであったか。彼は受戒後、さっそく仏教についての第一回の講演旅行を行い、大成功を収めている。翌年もまたセイロンを訪問して講演旅行を行い、その際に、セイロン人が仏教に無知であることに憤慨している。そこで彼は、キリスト教の入門書の体裁をまねて、基本的な教理を問答体でまとめた*Buddhist Catechism*を編集している。1881年に英語とシンハラ語で発表され、各国語に訳されてベストセラーとなったこの本は、ブラヴァツキーの神話的な仏教と異なり、四諦、八正道、五戒、諸悪莫作、衆善奉行などが説明されて、一見するとオーソドックスな仏教理解に見える。しかし、プロウセロによれば、「彼の仏教批判は、リベラルなプロテスタントの正統キリスト教批判と多くの要素を共有しており、奇跡を信じないこと、理性と経験を強調、自己依存への傾向、地獄の嫌悪などである。」[21]という。

ただし、オルコットの場合、さらに複雑なことは、マハトマ信仰(ブラヴァツキーの神智学的仏教)、仏教擁護者(オルコットの南北仏教連合のための通仏教的立場、上座部仏教的立場)とが混在しており、来日した際も日本の仏教者に困惑を与えている。その際、仏教擁

護者としてのオルコットの仏教理解の正統性を保証するものは、「契約」や「証明書」である。例えば『仏教問答』の末尾にはセイロンの高僧スマンガラ長老の証明がついている。あるいは、1891（明治24）年、14か条の仏教の共通綱領について、日本の各宗門の代表者から署名を得ようとしている。

オルコットの仏教観は、それ自体、神智学的な宗教観に根差したもので、あらゆる宗教に共通する真理と同一であり、現在の仏教は本来の真の仏教からすれば堕落しているという。

「（自分のような）正規の仏教徒となることと、堕落した現在の仏教宗派に属すことは、まったくの別物である。ブラヴァツキーもそうだが、もし仏教にドグマがひとつでもあり、我々が受け入れざるをえなかったら、戒を受けることはなかったろうし、10分と仏教徒にとどまることもなかっただろうと言ってもよかろう。私たちの仏教は、大師＝達人のゴータマ・ブッダの仏教であり、アーリヤ人のウパニシャッドの智恵宗教と同じであり、そして古代の世界の諸信仰の精髄である。一言でいえば、哲学であって、信仰箇条ではない」[22]

あるいは彼は日本の管長を前にして、「我々は二つのことをなさねばならない。仏教国においては、我々の宗教を復興させ、その堕落した部分を取り去り純化しなければならない」[23] とも述べている。

オルコットの仏教理解について、プロウセロはクレオール仏教と呼んでいる。クレオールとはカリブ海でのフランス語とさまざまなアフリカ語が混合してできた共通言語であるが、クレオール化とは、その言語変化のように、隠れている「文法」はそのままで外に見える「語彙」だけが変化する状態をいう。オルコットの場合も、語彙は仏教だが、その文法（中身）はプロテスタンティズムであるという。この用語を借用すれば、ブラヴァツキーの神智学的仏教は西洋オカルティズムを文法として、語彙を仏教から借用したということになり、ダーサの場合は、スウェーデンボルグ主義を文法に、語彙を神智学的仏教か

ら借用したと言えよう。そのような折衷的な仏教であるからこそ、真正性の担保が求められたとも言える。そして、それぞれの欧米仏教徒は、神話的なマハトマ（ブラヴァツキー）、アジア仏教者との契約（オルコット）、スウェーデンボルグのテキスト（ダーサ）が真正性の担保になっていた。

　実際に、欧米仏教のどれだけが日本人に理解されたかは分からない。ただ、ブラヴァツキーやダーサのオカルト的仏教よりも、『反省会雑誌』『海外仏教事情』の紙上で盛んに翻訳紹介されている海外仏教徒の手紙は、キリスト教批判と禁酒、博愛主義などが多く、反省会の活動方針からしても、そうした内容を選択的に紹介した可能性はある。おそらく最も注目されたのは、オルコットの南北仏教連合の提言であろう。彼はすでに1883年1月14日の水谷仁海宛の手紙ですでに「拙者は死前に於て可成錫蘭島と他の各国との仏教を合一にし以て仏教の盛大を謀度志願に有之候」[24]と述べている。宗門の指導者には届かなかったが、青年仏教者にはこの壮図は歓迎されたことは、最後に論じたい。

3　オルコット招聘と仏教復興

　日本人仏教者と神智学の接触は、明治15（1882）年10月、笠原研寿がイギリス留学の帰途、セイロンの神智学協会に立ち寄り、スマンガラ長老に会ったものが初期のものであろう。その後、明治20（1887）年にオルコット招聘事務所が設立され、明治22（1889）年のオルコット第1回来日に至る。その間の歴史は、海外宣教会の運動と並行し、関係しあっている重要な事件である。その経緯を簡単にまとめてみると、以下のようなものである[25]。

　明治16（1883）年1月、天台宗僧侶、水谷仁海はオルコットから *Buddhist Catechism* を送られて、日本語訳を依頼されている。水谷は、同年中に西本願寺の赤松連城に会い、この翻訳を依頼しているが、た

だし赤松はすぐに動いたわけではない。赤松が、明治17年8月13日付『奇日新報』260・1号に寄せた記事「仏教ノ西漸」[26]によれば、水谷よりオルコットと『仏教問答』の件を聞いたものの、これをしばらく放置していた。明治17(1884)年にフェノロサとビゲローに会った際、ビゲローから神智学の説明を聞くに及んでその重要性を認識し、アメリカ留学経験のある浄土真宗本願寺派僧侶、今立吐酔に翻訳を依頼し、明治19(1886)年4月に『仏教問答』として出版に至っている。

明治20(1887)年、4月19日付で、京都の英学校オリエンタルホールの館主、平井金三はセイロンのオルコットに対して手紙を送っている。これに対して、オルコットの代理である「エッチ、ドン、ディヴィッド」、つまり後のダルマパーラから5月30日付返信が届く[27]。アナガーリカ・ダルマパーラ(Anagarika Dharmapala)(1864–1933)は、本名ドン・デヴィド・ヘーワーウィターラナ(Don David Hevavitarana)といい、コロンボの裕福な家具商の家に生まれる。カレッジ在学中から神智学に興味を抱き、1884年1月にオルコットに直接談判して神智学協会に参加している。1886年、神智学協会のリードビーターとともにセイロンを巡回し、仏教復興を訴えると同時に僧伽の堕落と改革を痛感したという。その後1891年に大菩提会創立、1893年シカゴ万国宗教会議参加など、仏教ネットワークの中心的な人物となる一方、1905年にオルコットとは最終的に決裂にいたっているが、この時は神智学協会に入ってまだ3年、20代の青年であった[28]。

その後、オルコットからも来日に向けて前向きな手紙が届いている(同年7月7日付)[29]。その結果、平井金三は、大谷派僧侶の佐野正道と共に、招聘活動を開始している。10月には平井と佐野は「神智学協会日本支部」を開き、さらに翌年2月に佐野の翻訳で、オルコットの『仏教金規則』(東洋堂、明治21)を出版している。おそらくこ

れが日本最初の神智学ロッジ（支部）と思われる。

　平井金三は、明治18（1885）年オリエンタル・ホールを開設した居士仏教者であり、明治25（1892）年に渡米して日本人最初の仏教講演を行っている。さらに明治26（1893）年にはシカゴ宗教会議で演説を行い、帰国後は東京外国語学校の英語教授となる。一時はユニテリアンに転じ、松村介石の道会の初期会員でもあり、最後は三摩地会という居士禅の集まりを主宰している[30]。佐野正道は、経歴は不明であるが、真宗大谷派の僧侶であり、仏教書英訳出版社を主宰し『英文十二宗綱要』（1886）を出版している。オルコット招聘事件の後は、京都で朝陽館という出版社を主宰し、明治22（1889）年10月、『欧米之仏教』という雑誌を発行し、さらに得明会という大谷派改革運動を起こしている[31]。つまりいずれもただの英語に堪能な仏教者ではなく、進歩的、改革的な仏教者であった。

　オルコット招聘は、京都の地方的運動ではなく、各地の仏教結社の間に広まっていた。高松では200名が参加して「四海同胞霊智学会長、ヘンリー、エス、オルコット氏を招聘するにつき緇素同盟大懇親会を開催」（1888年3月22日付朝日新聞）しており、俗人と僧侶の連合体が支持基盤であったことがうかがえる。

　しかし仏教側も一枚岩ではなく、同じ陣営であるはずの『反省会雑誌』にも、招聘に対して批判的な記事が掲載されている。おそらく海外宣教会の関係者が書いたと思われるが、第3号に掲載された「ヲルコット氏招聘」では、「如何なる御都合あるも如何に苦（ねんごろ）なる言訳あるも飽まで此挙を賛する能はざるなり」と断言し、むしろ「発起諸氏が寧ろ自ら海外に渡航して大乗仏教の教義を宣布せんことを望む」[32]、あるいは同11号でも、千金をなげうってオルコット一人呼ぶよりは（海外伝道によって）外国に数多のオルコットをつくるべきと述べている[33]。

　一般紙では『朝日新聞』が冷ややかな立場をとっている。次に引用

する明治21（1888）年3月28日付朝刊に掲載された「接神術協会の来歴」は、『兵庫ニウス』とニューヨーク『サン』紙を翻訳編集したもので、欧米におけるゴシップを忠実に紹介したものである。

「ブラヴァトスキー女史の言に随えば夫の接神術なるものは女史が七年間西蔵に在てクートフーミ及モルガーと云える者について伝授し得たる所なりと云うと雖も是は信を措に足らず一千八百七十二年女史は埃及に於て該協会を設立せんと試みたれども行はれずして終に米国に来りたるものなりと云う又此接神術の事に付ては夫の神秘なりと称して種々奇怪の業を示すは全く愚夫愚婦を瞞着するに過ぎざる純然たる欺瞞の手段なりとの事を明言し而して其探求に従事したる人の氏名及同会員中変心して其秘訣を探求者に告知したる人々の氏名を記して其説の出所を証明し且該女史は魯国政府の間者にして印度其他諸国に於る魯国の利益を図ること茲に十三四箇年にして該協会の設立の如きも其権謀の一端なりと云り又此度我国に来るべきオルコット氏の事に対しては氏はブラヴァトスキー女史の欺騙に瞞着せられて其騙術に心酔したる者にして愚夫中の愚夫たるに過ぎずと評せり蓋し此の説の真偽は他日オルコット氏来朝の上自ら判然する所あるべければ記者は固より之が責に任ずるの限にあらず」

こうした外憂に加えて、オルコット側の事情で、招聘は何度も延期されている。当初は明治21年の「三月中には日本へ到着せらるべき」[34]であった。これは延期されて「八月十六日印度コロンボ解纜の汽船にて同氏出発」[35]と予定されたが、これもさらに延期されている。オルコットは、9月5日にも到着しなかったために、最終的には出迎えに野口善四郎を10月9日出航の船でインドへ派遣し[36]、ダルマパーラを連れて明治22（1889）年2月9日に神戸に到着している。

これだけ紆余曲折をたどったオルコットの第一回来日であるが、それは「欧米仏教徒」の来日としては空前、そして絶後の大事件であった。ダルマパーラは病気でほとんど入院していたが、オルコットは多

くの講演会を精力的にこなしただけでなく、政府の高位顕官とも親しく会っている[37]。『反省会雑誌』17号（1889年4月）には「到る処で非常の好意を以て歓迎せられ、喝采中を出て来りて喝采中に入れり」と書かれており、明治22年末に来日した詩人エドウィン・アーノルド、明治26（1893）年に来日したチャールズ・フォンデスなど、その他の欧米仏教シンパも、オルコット自身の明治24（1891）年の第2回来日も、第1回オルコット来日には遠く及ばない。

彼がいかに頻繁に演説、講演を行っていたか、4月当初のスケジュールで見ると、4月1日、2日は静岡で講演、3日は浜松で講演、4日は岡崎で講演、同日午後は名古屋に移動、駅につくと人力車パレード、5日は名古屋で4,000人相手に講演、6日朝に鳴海で講演、午後1時から名古屋で再び4,000人相手の講演、7時には知事相手の講演会[38]という厳しいスケジュールをこなしている。

オルコット来日の大成功の理由のひとつに、これほどの精力的スケジュールをこなす勤勉さにあるのは確かであるが、それ以外に以下のような原因が考えられる。

まず第一に、仏教結社が各地に結成され、運動が盛んになっていたことが挙げられる。特に、当時は破邪顕正運動と呼ばれ、明治10年代の欧化政策への反動として、仏教側の国粋主義と結びついた反キリスト教運動が盛んになっている。明治19年にはキリスト教を非合理的と批判し、仏教こそ文明的宗教と主張した井上円了『真理金針』が出版されてベストセラーとなっている。円了は同書中で、文明的である欧米人が仏教を賞賛するだろうと予言していたが、オルコット来日はその予言を具現化したわけである。

第二には、冒頭の記事の引用でもわかるように、メディアでの「欧米仏教」ブームがある。『反省会雑誌』『海外仏教事情』だけでなく、この時期創刊された仏教誌には、天台宗の機関誌『四明余霞』（明治21年）、浄土宗の『浄土教報』（明治22年）、新義真言宗『密厳教報』

（明治22年）、古義真言宗『傳燈』（明治23年）があり、仏教総合誌には、『仏教』（明治18年創刊の『能潤会雑誌』『能潤雑誌』の後継誌で明治23年改題）、中西牛郎の発行していた『経世博議』（明治23年）、浄土宗の京都支校と大阪支校での有志たちが発行していた『仏教公論』（明治27年）などがある。さらに各地の仏教結社は、それぞれの機関誌で神智学を紹介し、オルコットの演説記録を出版している。

　第三には、宗門の財力である。平井金三は、オルコット到着直前の2月7日に「脳を病み」という理由で招聘事務所の役を退いており[39]、オルコットの講演旅行に関する実務は招聘事務所から、「各宗委員会」が引き継いで宗門の共同運営となっている[40]。オルコットの日記によれば、招聘委員会が経済的に行き詰まっているのを知り、2月19日京都、知恩院に全宗派の代表を呼び寄せて、オルコットの講演旅行費用も、全宗門で支えることをかなり強硬に提案し[41]、承認を得ている。オルコット離日後の6月27日に各宗本山会議が京都で開催され、招聘費用3,700円の内、両本願寺が1,500円、各宗本山が1,500円、地方末寺が700円を負担することとなり、「オ氏来遊の実功は青年学士に仏教研究の志望を起さしめたれば三千余円にて此の功を買得たるものと云うべきか」[42]と評された。

　このように、オルコットの勤勉さを除けば、破邪顕正の風潮、メディアの興隆、各地の仏教結社、宗門の経済力と、すでにさまざまな方面で進行中であった仏教復興をオルコット来日が、ひとつに結びつけたことが、成功の理由であった。そこで重要なことは「白人仏教者の存在」であって、彼の思想や信仰は二の次であった[43]。

4　海外宣教会

　海外宣教会の発足もオルコット招聘と同じく明治20（1887）年にさかのぼる。明治20年2月2日付『官報』1075号に「仏教の景況」と題する記事が掲載されている。「昨年11月27日露国モスコーブスキヤ

ウエードモスチ」に掲載された記事の翻訳で、アメリカにおける「仏教」の隆盛を伝えたものである。「米国に於ては凡そ宗教の名義を有するものの中多少其信徒を有せさるものなし現に印度太古の宗教にして西蔵、支那、蒙古、小亜細亜、東部印度等の諸国に於て数百万の信徒を有する仏教か近頃紐育及びブルックリン地方に瀰蔓し其信徒増加の速力は世人をして愕然たらしむるに足るへきものとす」。その運動の中心が「アリアン、テオソフィカール、ソサイチー」で、同協会の会長「ウイリアム、ヂュッヂ」氏は熱心な仏教者であると書かれていた[44]。これに目をつけた普通教校の英語教員、松山松太郎は、Aryan Theosophical Societyに手紙を送っている。この手紙は無事にジャッジのもとに届き、5月19日付の書簡をもらう。これは平井がオルコットに手紙を送ったのとほぼ同時期であった。この松山松太郎（緑陰）についてはほとんど何もわかっていない。海外宣教会が活動停止した後、文学寮を辞め、台湾で客死している。ただ、神智学文献をかなり読み込んでいたようで、『海外仏教事情』には神智学に関するかなり詳細な記事も執筆しており、仏教との違いもよく理解していた。

　ジャッジは、松山らの書簡を神智学協会の機関誌『パス』や一般紙『サン』で紹介し、これが契機となって、世界各地からの書簡が京都の松山のもとに届いている。たとえばアメリカ最初の仏教誌 *Buddhist Ray* の発行元カール・カッソー社（Carl Casso & Co.）には、求めに応じて小栗栖香頂他、南条文雄訳『英文十二宗綱要』（仏教書英訳出版舎、1886）[45]などを送付している。

　海外からの要請に対する返信や仏教書の郵送という形で活動が始まり、明治20（1887）年8月『反省会雑誌』初号に「欧米仏教通信会趣意書」が発表され、『反省会雑誌』第2号（1888年1月）より9号（1888年8月）まで「欧米仏教通信会報」が掲載されている。同会の運動は順調に拡大を続けていったようで、明治21（1888）年8月11日、西本願寺幹部の賛同を得て、海外宣教会に発展拡大させている。

反省会は、周知のように、普通教校の学生が中心になって結成された禁酒運動であり、「禁酒進徳」だけでなく仏教の進歩的革新と復興、そして海外への進出といういくつかの側面を持っていたが、欧米からの通信も「キリスト教批判」「仏教賞賛」「禁酒」といった同様の意見を伝えるものが多かった。

　「欧米仏教通信会報」には、インドなどの神智学徒の書簡、新聞や雑誌記事からの翻訳などが掲載されているが、その書簡の多くは後に『海外仏教事情』に再録されている。さらに明治21年12月に『海外仏教事情』創刊された後も、『反省会雑誌』には「海外通信」というコラムが16号（1889年3月10日）まで残り、11号から13号までは「海外宣教会録事」という記事が掲載されている。その他、オルコット演説、ラッセル・ウェッブ、ダルマパーラ、ウォレッブなど『反省会雑誌』にも海外仏教徒の記事は掲載されており、エドウィン・アーノルド来日の際は評伝（24号、1889年11月）も掲載されている。『反省会雑誌』は、明治23（1890）年以降、海外仏教徒の記事は減少してはいるものの、『海外仏教事情』よりも論説が多く、どのように若手仏教者が「欧米仏教」を理解したかについては、『反省会雑誌』が詳しい。

　明治21（1888）年7月、日本での最初の英字仏教誌である*THE BIJOU OF ASIA*が、普通教校の学生で反省会の中心的会員であったZ.Sawai（澤井洵）などの協力を得て、松山松太郎を中心に創刊されている。日本で最初というだけでなく、本稿冒頭の一覧表に紹介したように、世界的にみても最初期の英字仏教誌である。部数は1390部で[46]、送付先は、アメリカ65か所、イギリス33か所、インド86か所、タイ5か所、フランス3か所など全270か所であった。

　そして12月、「欧米仏教通信会報」を独立させる形で、国内向けの雑誌『海外仏教事情』を創刊している。創刊号の初版は数千部、第2版4千部、第3版3千部を発行し、翌年5月に発行された第2集は「正会員に頒ちし外各大臣始東京諸貴顕及各地方官鎮台将校並に各地の有

志等に寄贈せるもの無慮八百部」47)とある。

このようにスタートが好調だった背景には、海外伝道への非常に楽観的な見通しがあった。ジャッジが送った最初の手紙は、『反省会雑誌』初号（1887年8月号）に掲載されている。ジャッジはこの書簡で「仏教信徒は少なからず候然れども皆正しく仏教を理解不致其故は教師無之」、あるいは神智学協会は「真理を研究致者にて多数の会員皆仏教者にて仏教の教理を益々学び知らんことを相望居候」とも述べ、英文仏教書の送付を強く望んでいた。神智学協会の実際の規模を知らない48)日本人が、ジャッジの言葉にいかに希望を抱いたかは想像に難くない。『反省会雑誌』初号に原文と共に紹介されたことからも、アメリカの「仏教者」の存在がいかに衝撃的であったかよくわかる。『反省会雑誌』2号（1888年1月）には欧米通信会員の日野義淵、神代洞通の連名で広告を載せ「外は耶蘇教を以て完全無欠の文明宗教と想得者の迷夢を警醒し内は仏教の純全真理たる欧米学者の尊敬する処の事実を示し度存候」と宣言しているが、この楽観的な見通しはその後もシカゴ宗教会議まで続く49)。

5 『*海外仏教事情*』と *THE BIJOU OF ASIA*

明治21（1888）年12月、『海外仏教事情』の創刊号が発行されている。好評のために三版を重ね、増刷版はページ数も増えている。

『反省会雑誌』時代の「欧米通信会報」から初期の『海外仏教事情』にかけては、海外からの通信が多く収録され、欧米の当時の仏教観の一端を伝える資料ともなっている。インド、チッタゴンの仏教徒やタイからの通信も掲載されている。ただし、そのような書簡が幅広く収録されていたのは明治22（1889）11月15日発行の第4集までである。その後は、松山緑陰（松太郎）による神智学論やブラヴァツキーによる「仏教」論などの論説、あるいは他の刊行物からの翻訳（多くは*Buddhist Ray*からの転載と思われる）で、古代アメリカの仏教徒50)、

チベット仏教51)など、仏教史関係の論説が目立つ。マックス・ミュラーやフリーマン・クラークなどの東洋学者や宗教学者の記事や、有名な無神論者インガーソルの記事も掲載されている。西洋仏教学の知見から日本仏教に対する神智学徒たちの賞賛まで、同時代の世界から見た「仏教」の姿を、マイナス評価を除いて、初めて日本の読者に伝えた雑誌であった。

いくつかの重要な事件も報道されている。ひとつは1891年、ダルマパーラと釈興然がブダガヤ購入運動を起こしているが、その最初の記事「在天釈興然氏より各宗諸大徳への上書」は21集（1891年5月31日）に掲載され、その後、しばらく仏跡復興運動関係の記事が続いている。第二には、26号（1892年7月5日）に「シカゴ大博覧会に就て仏教者に望む」が発表され、シカゴ万国宗教会議の話題は終刊号まで何度か掲載されている。そして、チャールス・フォンデスについては、記事、書簡、近況など、ロンドンでの宣教活動から明治26年の来日まで、かなり多数の記事が掲載されていた。

日本からはじめて海外に向けて発信した仏教英字紙 *THE BIJOU OF ASIA* は、1888年7月創刊で、翌1889年の8月に5号・6号の合併号を発行して、それ以降の存在は確認できていない。おそらく短命に終わったと思われるが、その1年間の記事を追ってみると、創刊号は神智学徒から松山松太郎ならびにZ. Sawai（澤井洵、つまり高楠順次郎）にあてた手紙が多い。Francesca Arundale、William Q. Judge、Josephine W. Cables などほとんどすべて神智学徒である。3号には Sarah Jane B. 名義のアフォリズム集 "Don't"、藤島了穏の涅槃論（フランス語）といった学術的な記事、また3号以降は、四十二章経、天請問経、摩訶男経、五大施経などの経典の英訳が増えている。このように、一般人向けの仏教伝道というよりも、ややレベルの高い内容となっていた。

THE BIJOU OF ASIA でも仏教伝道の楽観的な見通しを次のよう

に語っている。

「しかしながら、キリスト教は欧米で急速に衰えている、社会生活への影響力を失いつつある……キリスト教信仰が西洋人の魂から消えた時、その隙間を埋めるのはどういう宗教か。もちろん、より高度で純粋の宗教である。しかし何がより高度で純粋な宗教か。……真理より高い宗教はありえない……「金剛の法」を広めてくれた者が真理の宗教を教えてくれたのである。つまりそれは釈迦如来の教えである。」52)

その真理である仏教を伝道するための具体的な方策とは、「仏教国の宗教的連合と、私たちの宗教的真理の西洋諸国への紹介」である53)。宗派の別を越えて仏者の連合を実現するには、それぞれの経典を英語に翻訳して共通理解を目指す必要があり、欧米に仏教を広めるには、文書配布によって友人を増やしていくべきだという。お互いに理解すべき仲間として想定されているのは「神智学徒、スピリチュアリスト、オカルティスト、ユニテリアン、クリスチャン・サイエンス、そして同じ仏教者仲間」である54)。

具体的には、創刊号に挙げられた寄贈雑誌のタイトルが、*THE BIJOU OF ASIA* の「仲間」を示している。仏教を標榜する雑誌としてはカリフォルニア州で発行されていた*Buddhist Ray*、チッタゴンで出版されていた*Bauddha Bandhu*、神智学協会関係の雑誌は、パリの*Lotus*、ニューヨークの*Path*、神智学協会以外の秘教誌は、ジョセフィン・ケイブルズの主催する*Occult Word*、オークランドで発行されていたオカルト雑誌*Gnostic* 55)、スピリチュアリズム雑誌*Harbinger of Light*、オレゴン州でH.N.Maguireが発行していたニュー・ソート雑誌*The World's Advance Thought*、ヘレン・ウィリアムズの発行していたニュー・ソート雑誌*The Woman's World*、そして禁酒雑誌*The Voice*、*Omaha Prohibitionist*が挙げられている。

このような場の中では、伝道というより、交流や情報共有が中心

となってくる。たとえば、*Buddhist Ray* vol.1 no.11（Nov., 1888）に掲載されたSarah Jane B.なる人物（編集発行人フィランジ・ダーサのペンネームか？）の"Don't"が、翌年vol.1 no.3（Jan., 1889）の*THE BIJOU OF ASIA*に転載、さらに『反省会雑誌』17号（1889年4月10日）に「勿れ」として掲載され、『海外仏教事情』第2集（1889年5月11日）にも転載されている。このように、それらの英文仏教雑誌は雑誌のやりとりや、記事の転載を通じて、ひとつの場を形成していた。*THE BIJOU OF ASIA*が主張した「真理より高い宗教はありえない」「高度で純粋」「仏教国の連合」といったフレーズのいずれもが神智学（とりわけオルコット）の主張であった。つまり、海外の*THE BIJOU OF ASIA*の読者は、見慣れぬものではなく、むしろ見知った思想をそこに発見したと言える。これは、欧米から「禁酒進徳」のメッセージを受け取った日本の仏教者も同様であろう。

初期の英字仏教誌を研究したロリ・パースが、「仏教定期刊行物は、仏教者の共通のアイデンティティを強調し、仏教徒のグローバルな共同体をつないでいる」56) とも述べているように、「仲間」の枠を越えてキリスト教徒への伝道という望み薄い課題57) よりも、最大の目的は、世界的な仏教共同体への帰属感を得ることではなかったかと思われる。

6 執筆者たち

「欧米仏教」ブームの際、寄稿あるいは通信していた人物について58)、簡単に何人かを紹介しておきたい。

例えば、チヤールス・ヂヨンスン（正しくはジョンストン）Charles Johnston（1867-1931）は、アイルランドの神智学協会の創立者の一人でジャーナリスト、

※『反省会雑誌』7号(1888年6月)の広告

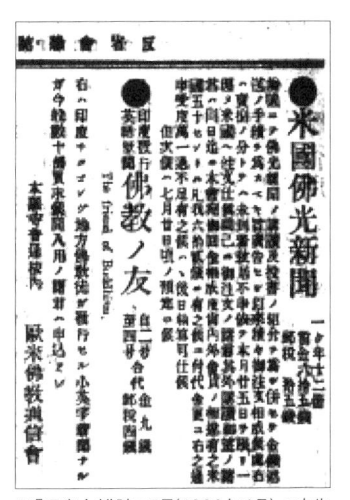

作家でサンスクリット研究者である。詩人のW・B・イェイツやAEと交流があり、アイルランド文芸復興にも重要な役割を担った。またブラヴァツキーの姪ヴェラの夫でもある。『海外仏教事情』1号に訳出されている「幽玄仏教論」はダブリンの神智学雑誌に掲載されたものの翻訳転載である。

アメリカ神智学協会関係では、会長のウィリアム・Q・ジャッジ（William Q. Judge）、米国ロチエストル同胞会長ゼー・カブルス女史（Josephine W. Cables）（?-1917）、セントルイス神智学協会々長エリオット・ビー・ペイジ（Elliot B. Page）（?-?）、ゴールデンゲイト・ロッジの会長エドワード・ウヲレツブ（Theo. G. Ed Wolleb）（?-?）、女流ジャーナリストで神智学徒、女権活動家で禁酒運動家であったシー・ホロウェイ（Laura Carter Holloway）（1848-1930）[59]などがいる。

これら欧米仏教徒からの手紙には、反省会に合わせて禁酒と仏教をつなげたものが目立つ。キリスト教は酒と暴力につながり、他方、仏教は禁酒と平和につながると主張する手紙が多い。たとえばダルマパーラは「反省会に寄す」で禁酒論を説き、その中で英米にはいかに酒屋が多いか、キリスト教宣教師でさえ「一方の手には彼等の神聖と称する経典を握り、又た一方の手にはブランデーの壜を取り」[60]と、西洋、キリスト教と結び付けて飲酒に批判を加えている。あるいは、ウォレッブは『反省会雑誌』20号（1889年7月）に記事「基督教徒は果して日本帝国を蹂躙するの価値あるか」を寄せ、キリスト教は残虐な行為があったが「仏教は千年一様、善意を平和を以て渡り行た」[61]のであり、「大法の精神は純一の愛にして其終局の目は唯是平和あるのみ」[62]と賞賛している。反省会は、キリスト教伝道者の禁酒運動に刺激されて発足した[63]ことからすると、仏教と禁酒という結びつきに着目したのは当然であろう。

さらに、仏教をアメリカの宗教にせよという提案も掲載されてい

る。元ジャーナリストでフィリピン領事であったラッセル・ウェッブ（Alexander Russell Webb）（1846-1916）は、『海外仏教事情』には第30号（1892年11月10日）に一本掲載されているだけだが、『反省会雑誌』には、「一統宗教ヲ論ス」（17号）、「欧米に於ける釈尊の評伝」（18号、1889年5月）、「大聖世尊の真教義」（19号、1889年6月）、「転生及涅槃を論ず」（20号、1889年7月）、「仏尊ノ教戒」（22号、1889年9月）、「秘密仏教義」（23号、1889年10月）と6本の記事を寄稿している。さらに『欧米仏教新論集』にも、「合衆国は宜しく速に普通宗教を採用すべからず」という記事が掲載されている。ウェッブは、アメリカは宗教がばらばらで弊害が大きい、したがって一つの宗教で統一すべきであり、そのためには仏教を採用すべきだと提言している。ただし、それは「二千年来に発生混入せし弊悪誤謬を解脱したるもの」でなければならない（この点はオルコットと同じである）[64]とされるが、これは神智学的仏教観である。ウェッブは、その後も真理を求め、最終的にはイスラム教に落ちつき、アメリカで最初のイスラム教伝道を行っている。

　欧米仏教徒は神智学徒が大半を占めていたが、寄稿者の中で最も重要な人物の一人は、すでにあげた非神智学系仏教徒フィランジ・ダーサである。『反省会雑誌』『海外仏教事情』だけでなく他の宗派の仏教雑誌にも寄稿あるいは転載されており、明治23年以降は大原嘉吉と頻繁に文通し、大原の関係していた天台宗の『四明余霞』をはじめ浄土宗系の『浄土教報』『仏教公論』、新義真言宗の『密厳教報』にも記事を寄稿している。「ドクトル、チャールス、マーテルス」「ヲスカレウ井チ」「セラ、ビー、ジェーン」も、内容からしてダーサの変名かと思われるが、それらをまとめると海外からの寄稿者としては記事の執筆本数はかなり多い。西洋オカルティズムのジャーゴンにあふれた『瑞派仏教学』とは対照的に、『海外仏教事情』でのダーサの記事は、仏教の博愛主義や社会性を強調したもので、「仏教の特質は実際の慈

恵なることを論ず」では、古代インドの仏教者による病院建設を例にあげ、「仏教は其本質慈恵にして実際上世を利する」ものだと述べている[65]。また、1889年3月22日付の手紙では、儀式仏教を「腐敗せる仏教」[66]と非難するなど、革新的な意見を述べている。

7　フォンデスの伝道と欧米仏教の終焉

　海外宣教会の歴史で最も重要な功績は、はじめて欧米人相手に布教したことである。ただし、宣教会は、仏教書の翻訳と欧米仏教者との文通以上に、仏教伝道の具体的なプログラムは持ち合わせていなかった。その功績の大半はチャールズ・フォンデス（Charles Pfoundes）(1840-1907)一人に帰せられるべきだろう。

　フォンデスは、アイルランド生まれ、1863年にイギリス海軍軍人として来日、その後、1876年まで滞在。離日後、フィラデルフィアに渡り、日本美術品の売買をてがける。重井鉄之介という日本名もあり、『海外仏教事情』では普恩出寿という漢字名も使っている[67]。その後、ロンドンに在住し、イギリス海軍省に勤務していた。1889年10月4日付で最初の手紙を海外宣教会に送り、ロンドン支部の開設を請求している（『海外仏教事情』第5集参照）。これに応じて宣教会も、ロンドン支部の開設を認めており、『海外仏教事情』第10集には宣伝用チラシも掲載されている。以下、最近の研究によって紹介しておきたい[68]。

　フォンデスがロンドンで最初に仏教について発表したのは、海外宣教会に手紙を送る一年前の1888年5月、*Theosophical Siftings*誌に"Divyatchakchus: The "Infinite Perception" of Japanese Esotericism" by C. Pfoundes（OMOIE）と題する記事を寄せてからである。この時点では彼は神智学を通じて仏教を紹介しようとしていたが、その後、反神智学、親スピリチュアリズムに転じて、1889年の5月から8月にかけてスピリチュアリズム雑誌*Two Worlds*に"Buddhism, What it was and is"を寄稿する。「スピリチュアリストが知ったら興味深いと思うが、その指導者たちが今、世間に提唱していることは、多くが単純で純粋な仏教である。つまり、食事の節制、刺激物や粗雑な食物を避けること、親切さ、柔和さ、礼儀正しさ、慈善など、すべてのキリスト教的美徳が含まれている」とスピリチュアリズムを仏教の類似性で称賛している[69]。

『海外仏教事情』でも神智学を批判し、1889年10月14日付書簡では「神智学は欧羅巴にても亜米利加にても甚だ不評判を招く傾向に候」「神智学者中には儘々異論を生じ相駁し互に相反対する傾ありて拙劣の挙動あるにより我仏教も為めに其害を蒙ることなしとせず」「小生の愚考にては仏教の道義的教法は当地にても益々卓越の位地を占め情感的神智学は竟に廃滅に帰する事と相察候」[70]と述べている。

当時、スピリチュアリズムと神智学は、超常的現象の可能性、社会主義との親和性など、共通するバックグラウンドを持ちながらも、理念的な違いや人間関係もあって、対立することは往々にしてあった。特に *Two Worlds* 紙を発行していた霊媒エマ・ハーディング・ブリトンは、元々神智学協会の創立メンバーであったが、神智学に批判的な態度をとっており、フォンデスが神智学批判記事をブリトンの雑誌に発表したのは当然の選択でもあった。一方、神智学陣営とは対立していたが、中でもフォンデスと同じ社会的場（世俗主義）を共有し、神智学に転向しつつあった論客アニー・ベサントとは敵対的な関係にあった[71]。

彼の仏教理解がどのようなものであったか、講演を聞いた記者は以下のように書いている。

「ロンドン、マイルエンド、ボーモント街、アッセンブリー・ルームズ。キャプテン・フォンデスは、「仏教：悟りの教義」を講演した。非常に興味深い講演であった。仏教は常識に直接訴えかけるものであること、人格神からの霊感などは一切否定することを論じた。スピリ

チュアリズムと仏教が一致する点は多数ある。いずれも、良かれ悪しかれ、自分のなした行いの結果から逃れることは出来ないとする。仏教はいかなるテーマについてもドグマを立てることを拒否し、倫理体系の根本原理として、意見の自由と尊重を認める」72)

彼の仏教論は日本でも『海外仏教事情』にも「「ブデイズム」を論ず」として、『事情』3集から5集まで連載されている。やはり、仏教道徳を強調したものであり、『事情』5集に掲載された10月4日付の手紙では「利他主義四海同胞主義及慈仁の行為は皆悉く我か教法中に」73) と述べている。第7集に掲載された10月14日付の手紙でもはっきりと神智学は仏教と別であるとして、「仏教の道義的教法は当地にても益々卓越の位地を占め情感的神智学は竟に廃滅に帰する事」74) という。

『事情』には「同氏は有志者を集め毎週仏教上の講話を開く」「亜細亜の宝珠数百部を購求せんことを本部へ申込めり（本部之を寄贈せり）」75) と伝えていたが、その言葉通りに彼は仏教講演会をほぼ毎週、日曜の夜などに開催している。スピリチュアリスト雑誌 *Two Worlds* と自由思想誌 *National Reformers* に掲載された分だけで26か所で講演を行ったことが確認されており、1892年9月にはロンドン大学の東洋学会でも「日本仏教」についての講演を行っている。当時、ロンドンではさまざまな講演会が盛んにおこなわれていたが、フォンデスの活躍の場は、スピリチュアリズムだけでなく倫理運動、自由思想など無神論的な場も含まれていた。

講演の回数だけでなく、彼は伝道について具体的なプランも有していた。1889年10月25日の書簡では次のように具体的な伝道方法を述べている。

キリスト教徒にも違和感のない、欧米の信者向けの仏教の礼拝式が必要であること、儀式の執行者は特別の法衣が必要であること、経典の言葉を用いた賛美歌を作成する必要があること、信仰の概要をまと

めた冊子か問答集が必要であることなど、かなり実践的な伝道案を提示している[76]。フォンデスは、無神論的な世俗主義運動に宗教的なものをもたらす必要性と、儀礼の重要性を理解していた。

イギリス留学中の小林（高楠）順次郎は、フォンデスに世話になったこともあり、1890年4月29日付の書簡で彼を好意的に述べ（『海外仏教事情』11集、1890年6月30日）、彼が勤勉であること、またその講演は人気があると伝えている。しかし、フォンデスの活動は長く続かず、1891年6月までに妻と離婚、1892年1月15日の *Two Worlds* には、フォンデスは健康状態悪化のためにすべての講演をキャンセルするという告知が出された。その後、仕事を辞して、同年の11月末には日本行きの船に乗っている。

明治26（1893）年に来日を果たし、『海外仏教事情』『反省会雑誌』などにも彼を歓迎する記事が掲載されている。『伝道新誌』（『伝道会雑誌』の後継誌）第6年2号（1893年2月26日）は弓波明哲「フォンテス氏の来朝に付て」を掲載し、オルコットは山師であり、その独断専行を酷評し、南北仏教連合の14か条の調印などは日本仏教徒を踏みつけた行為ときつく批判を下している。他方、フォンデスは「熱心着実勤勉励精」で、大乗仏教の先容者、欧州仏教の開拓者であると絶賛している[77]。

フォンデスは日本語が堪能であったので、日本語での仏教演説を随所で行っているが、その一方で来日後間もなく、『浄土教報』主筆の堀内静宇との間で事件[78]を起こし、「普恩天寿信ずべからず」[79]との批判を浴びる。『明教新誌』にも批判記事が何回か掲載され、3232号（明治26年5月4日）の社説では、日本人はオルコットに熱狂したが、彼が小乗仏教であることを忘れて大乗仏教の僧侶がその前に頭をさげていた、フォンデスは二匹目の泥鰌を狙って来日したのだろうが、もはや白人仏教徒を持て囃すような時代ではなくなったとまで書かれている。

フォンデスはその後、天台宗で受戒し、最後は神戸で亡くなっている[80]。その生涯は非常に興味深いものがあるが、ここでは論じる余裕がない。ただ、彼が神智学に代わる、より世俗的、社会的な仏教を提示したことは強調しておきたい。知的な仏教理解ではなく、イギリス人向けの儀礼を作成しようとしたことなど、新たな仏教の創造を目指していた。

　『伝道新誌』と『明教新誌』、フォンデス評価は正反対ではあるが、いずれの記事にも大乗仏教（そして日本仏教）の上座部仏教への優越心が如実に表れている。このように、オルコットへの批判も、フォンデス批判を契機に噴出しており、日本仏教（の保守的な層）が自信を回復した様がうかがえる。シカゴ万国宗教会議という、日本仏教が国際的な舞台に登場したのと、まさに同じ時期に、日本国内では国際化はすでに終わっていたわけである。

　この項の最後に、オルコットと神智学への逆風を示す事件を列挙しておきたい。第一には、すでに述べたフォンデスの神智学批判である。『海外仏教事情』誌上で何度か神智学仏教の批判を行っており、これに対してダルマパーラは、1890年4月28日付書簡で、フォンデスの「二枚舌」ぶりを批判している[81]。第二には、オルコットの南北仏教の連合問題である。オルコットは、この夢を実現するために、明治24（1891）年に再来日している。この際、彼は、仏教の基本教義として「14か条」を日本の各宗派に提示し、仏教の南北連合を実現しようとしたが、これに対して、東西浄土真宗は調印を拒否、仏教界のオルコットの評価は大きくさがっている[82]。進歩的仏教論者の中西牛郎さえ14か条批判を発表している[83]。第三に、同年はさらに、イギリスでマックス・ミュラーが神智学批判の講演を行い、これが加藤咄堂によって「仏教の神秘」として時日をおかずに『明教新誌』3291号（明治26年9月4日）付録に訳出されている[84]。ブラヴァツキーのいう、マハトマと神秘の書は存在しないこと、彼女が詐術を行ったこ

と、仏教で言う神秘とは深奥難解という意味で夫人のいう神秘ではないことなど、徹底的な批判を加えている（ただしオルコットのみは評価している）。このミュラーの批判に対して、松山などからの反論もあったが[85]、論争は続かずに終わっている。

　日本仏教側も（特に保守層は）、白人仏教徒（オルコット）を利用して、仏教を文明的宗教であることを日本国民に印象づけ、仏教の復興を演出できれば、それで十分であったように思われる。名目的にロッジ（支部）はいくつか誕生したが、実際には機能しなかった。ブラヴァツキー本人の著作も翻訳されていない。ブラヴァツキー的仏教徒（神智学徒）が日本にいなかったので、議論も盛り上がることはなかった。当時の仏教雑誌から受ける印象としては、オルコット個人の信奉する仏教について批判はいくつか出たものの、神智学は議論されて追放されたというよりは、そのような事件もなく、単に忘却されたという感が強い。とはいえ、まったく跡形もなく消えたわけではないことを最後に述べておきたい。

8　欧米仏教と新仏教

　明治20年から22年の「欧米仏教」ブームは、その後の仏教史からは忘れ去られたものの、当時の若手の仏教者たちには少なからぬ影響を残している。

　明治22（1889）年に中西牛郎は、『仏教革命論』（博文堂、1889）を発表して、世間の話題となっている。その中で、彼は「新仏教」を以下のように主張している[86]。

　第一、旧仏教は保守的にして新仏教は進歩的なり
　第二、旧仏教は貴族的にして新仏教は平民的なり
　第三、旧仏教は物質的にして新仏教は精神的なり
　第四、旧仏教は学問的にして新仏教は社会的なり
　第五、旧仏教は独個的にして新仏教は社会的なり

第六、旧仏教は教理的にして新仏教は歴史的なり
第七、旧仏教は妄想的にして新仏教は道理的なり

これらの批判の内、第一、第三、第四、第五、第七は、「欧米仏教者」からのキリスト教と物質文明に対する批判と通じる内容である。

中西は、後に『宗教革命論』を著すきっかけについて、明治18年から20年まで細川家の公子留学に付添ってイギリスに滞在した熊本教育者、政治家、津田静一から、帰国後に神智学文献、とくにシネットの著作を見せられて、それに刺激を受けたと述べている[87]。津田は、西洋での東洋思想の流行について、熊本で「欧州理学ノ景況」という講演を行っている。その概要は『大東立教雑誌』第9号から『反省会雑誌』第5号に転載されているが、その中で「露国の女丈夫ブラワツキーと云ものに就き接神術の徒弟となるものの一派」（原文カタカナ）[88]が増加していると述べている。

中西は、熊本の漢学者の家に生まれ、同志社に学び、『宗教革命論』が西本願寺明如法主の目にとまり、短期間アメリカに遊学し、帰国後の明治23年に文学寮の教頭に就任している。しかし明治25年には文学寮を辞め、その後はユニテリアン、あるいは旧仏教に戻り、最後は天理教の近代化で活躍した人物である。ただし彼は独自で活躍していたわけではなく、明治22年に熊本では八淵蟠龍らと熊本有志団という結社を結成している（後に九州仏教団に発展）[89]。つまり中西は、熊本の仏教運動を、文学寮（反省会）周辺につなげるリエゾンの働きもしていた。

中西の論文に呼応するように、明治22年4月に『令知会雑誌』に発表された佐々木狂介「新佛教将に興起せんとす」では、以下のように欧米仏教と関連して新仏教が語られている。見る影もなかった仏教が「近来漸く欧米識者の為めに其真理を発見され」「文化の中心たる泰西に、純正熱心の信徒を結合せしめ」印度で衰退した仏教が欧米で盛んとなっている。しかし、欧米の仏教はインドの旧仏教ではない、「欧

米に発達せる仏教は新佛教なり、文明社会に適応し、後来文明社会を支配するの教法なり」90)

　佐々木の新仏教論は、中西の定義をそのまま借用したものである。

　新仏教とは「純粋なる仏教を云なり、換言せば旧社会腐敗の習気を一洗せる仏教是なり、其旧仏教に異なる点は、大要保守的を変じて、進取的と為すなり、虚飾的塗抹的を改めて、精誠赤心を以て、教主釈尊の訓戒を奉ずるなり、阿諛的、偽善的を改めて、剛毅淳直を以て事を行い、恭敬慈愛を以て教を弘るなり、新佛教の教徒は性命［ママ］を以て真理の犠牲に供するなり、即ち生命を犠牲にして、社会を利するなり、新佛教の教師は、文明世界の道徳の先導者たるなり」91)。

　欧米仏教が若手仏教者に与えた影響は大きく、宗門側に無視されたオルコットの南北仏教連合策も、その後も若手の間でかなり議論されている。反省会運動から後の仏教清徒同志会まで仏教青年運動を主導した古河老川、反省会出身者でチベット探検を行った能海寛、進歩的仏教誌『仏教』誌の発行人であった梶宝順、熊本の仏教改革論者、甲斐方策などがそうである。しかし、論調は、アジアの同胞意識から、アジアの盟主へと、日清戦争に向けて、明らかに変化している。

　たとえば、明治27年に発行された甲斐方策『日本仏教之新紀元』では、オルコット、ダルマパラ、フォンデスへの冷遇、*THE BIJOU OF ASIA* の廃刊など、欧米仏教ブームの終焉を嘆き、日本がアジアの盟主として東洋の仏教復興に当たるべきと、次のように述べている。

　「仏教の支那に於ける実勢は遥かに我国仏教の下にあれば、佛教世界運動の急務は先づ東洋仏教徒をして交通せしめ、彼等の信仰に生命と精神を与え、且つ其国是を確立し、民心を鼓舞せしめざる可らず。」92)

　さらに、明治28年に、日清戦争の勝利を受けて出版された梶宝順『戦後仏教革新策』では、ヨーロッパの前途怖れるに足らずとまで言い切っている93)。彼もまたアジアは精神的文明、ヨーロッパは物質

的文明ですでに老齢に達し、アメリカも末路に近づいている。ここにおいて、日本の任務は東西両洋の文明の調和を企てて、物質的文明と精神的文明を結合させた新しい文明を創造すべきだと述べた上で、話を仏教に転じ、仏教において、セイロン仏教、チベット仏教、日本仏教の三つの中心地があるが、セイロンは「戒に勝りて定慧に劣り」、チベットは「定に勝りて慧戒に劣り」、日本は「慧に勝りて戒定に劣る」94)、しかし東洋的精神文化の真髄は大乗仏教にあり、大乗の栄える地は国運が隆盛に向かっている。仏教国日本の任務は「中国の空理的大乗を日本の実際的大乗」に変えることであるという。「日本は既に支那をして日本たらしめんとする大事業に着手せり（日清戦争）前途豈亦錫蘭をして日本たらしめざるべけんや」95)。梶は、帝国主義的欲望を日本のパターナリスティックな仏教伝道に重ねており、ここではもはや明治20年代初頭に見られたアジアの同胞意識は消えているだけでなく、すでに日本仏教革新の必要性が失せつつある。

　これに対して明治27年2月号の『仏教』誌に発表された古河老川の「南北仏教の交通」では、南方仏教は謹厳な道徳が長所となり、北方仏教は高妙な教理を特色とする、将来の南北仏教はお互いにお互いの長所を学び調和するべきだとして、次のように守旧派を批判している。

　「固より南北仏教相交通するにより、日本仏教の上に変動を起すこと少からざるべし、然れども此変動は進歩の変動にして退歩の変動に非ず、又此変動の際には、時として極端と極端と衝突して、争乱を起すことあるべし、然れども此衝突は調和に終る衝突にして、争乱に終る衝突に非ず、かかる衝突を恐れ、かかる変動を憂え、只管今日の儘に仏教を伝えんとするが如きは、一方より云わば時勢を知らざるものなり、一方より云わば仏教を知らざるものなり、上、釈尊に対しては恩義を忘れたるものなり、下、衆生に対しては親切を欠くものなり、吾人は幾重にも此の如き人の早く迷夢を醒まし来りて、今日の仏教社会の、南北仏教調和史の中にあるを知るに至らん事を望む」96)

古河は神智学から、南北仏教の調和だけでなく、より神秘主義的な方向での影響も受けていた。それについては第四章で触れる。しかし、いずれにせよ、必ずしも古河の予想通りに仏教改革は進まなかった。

　日本仏教にとって欧米仏教徒がもたらしたものは、仏教復興の可視化、自尊心の回復、世界的な仏教への評価などであり、欧米への仏教伝道の可能性とアジアの他宗教との連帯を垣間見たわけである。しかし、それだけではなく、キリスト教と唯物主義と旧弊な社会への革新を目指したという点で、仏教青年たちと共有するものがあった。明治の仏教革新運動の源に、西欧文化の影響があることは頻繁に指摘されているが、そこに、神智学のような隠れた精神文化の影響を見ることも可能である。それは一方向の影響関係ではなく、むしろ同志的な共有関係でもあり、仏教の近代化が日本と世界が連動して進み始めたことを意味している。

〔註〕
1) 無署名「終る一週年間の出来事」『反省会雑誌』13号（1888年12月）7-15頁。
2) 『反省雑誌』第8年第12号（1893年12月）3頁。
3) 『欧米仏教新論集』の記事は以下のとおり。シイ、シイ、エム「欧羅巴の宗教は改革の時運に達せり」、ジョセフ、ウェイト「将来の宗教を論ず」、エー、ピー、シネット「欧羅巴に於ける仏教思想の発動」、ゼローム、エ、アンダーソン「仏教は果たして冷笑に附し去って可なるや」、エッチ、エス、オルコット「仏教新誌発行に就て」、「仏教略説　第1篇」、ラセル、ウェブ「合衆国は宜しく速に普通宗教を採用すべからず」、「仏教略説　第2篇」ラセル、ウェブ「世尊瞿曇の傳略」、ラセル、ウェブ「転生及び涅槃を論ず」、ダブルユー、エッチ、ダウソン「仏陀の略傳」、ダブルユー、エッチ、ダウソン「仏教（第一）」、同「仏教（第二）」附、評説並びに四諦の説、アレン、グリフィス「神智学とは何ぞや」、ジョージ、ウオッレブ「神智学の目的方向及び関係を論ず」附、評説並びに聖者の説、チャンドラ、ミトラ「ダンマパーラ「ジャータカ」」附、評説、ヒーエー、ドッド「革新者を論ず」。
4) 「緒言」『欧米仏教新論集』（松山松太郎、1889）頁数無し（巻頭）。
5) 秘教主義者」の「秘教」（exotericism）とは、オカルティズムと同義の概念で、「宗教的真理や意味の隠された根元を強調することや、プラクティスや非日常的意識状態を通じて触れうる様々な非人間的・超人間的心理が存在するスピリチュアルな世界への信仰」（182）によって特徴づけられる。スウェーデンボルグ主義、オカルティズム、スピリチュアリズム、神智学などがここに当てはまる。神智学の創始者ブラヴァツキー夫人とヘンリー・S・オルコット、そして神智学協会会員たち、スウェーデンボルグ主義者のフィランジ・ダーサ、アルバート・J・エドマンズなどがそうである。松山が、アジアの南北仏教を

「顕教」、欧米の仏教を「密教」と分類したのは、こうした西洋オカルティズムの用語法に準拠したものであり、より直接的には神智学が「秘密仏教」(esoteric Buddhism) と自称したことに由来する。「合理主義者」とは、「啓蒙思想的合理主義、オーギュスト・コントの実証主義、そしてハーバート・スペンサーの社会進化論の影響を最も強く受けた人々」(194) であり、自由思想家、無神論者ロバート・グリーン・インガーソル、倫理修養協会を設立したフェリックス・アドラー、オープン・コート出版を経営し『モニズム』誌によって一元論的哲学を唱えたポール・ケーラスなどがいる。そして、「ロマン主義者」は、「仏教文化全体、つまり宗教そのものだけでなく、その美術、建築、音楽、演劇、衣装、言語、文学全体」に興味をもつ人々で、アーネスト・フェノロサ、ウィリアム・スタージス・ビゲロー、そしてラフカディオ・ハーンがいる。

6）『欧米仏教新論集』（松山松太郎、1889）39-57頁。著者のJerome A. Andersonはサンフランシスコの神智学徒。

7）明治18（1885）年にフェノロサと共に三井寺法明院の桜井敬徳より受戒して仏教徒となったウィリアム・ビゲローは、日本人に向かって仏教のキリスト教に勝る点を次のように説明している。「第一道徳を進むる事此条は其手段同じからずと雖も余の公平なる眼を以てすれば優劣なきに似たり第二に両教中学術を含有すると否となりここに至ては大に優劣あり如何となれば彼の耶蘇教は哲学を含有せず仏教は固より哲学を含有す第三に耶蘇教は理学と背馳す仏教は之を包括す第四に仏教中には世間幾多の学問以外に一の別路を開けり其別路とは人の思想を読むの術（即ちソートリーデングにして本会雑誌第十四号に見えたり）次に動物電気術次に神智学（本会雑誌第五号仏教西漸の下に出たり）等の事を完全したる者なり第五に耶蘇教の進歩は今日に止まり将来進歩の望なし然るに仏教は駸々として進み其底止する所を知らす故に余は此四箇の優劣に因て耶蘇教を捨て仏教に帰せしものなり」『令知会雑誌』第22号（1886年1月）、56

〜57頁。

8)『海外仏教事情』第1集第1版（1888年12月）10-12頁。

9) Ann Braude, *Radical Spirits*（Beacon, 1989）p.83.

10) Paul Carter, *Spiritual Crisis of the Gilded Age*（Northern Illinois University Press, 1971）, p.105.

11) Beryl Satter, *Each Mind a Kingdom*（University of California Press, 1999）188.

12) Kinza M. Hirai, "Religious Thought in Japan" *Arena* vol. vol.7 no.3（Feb. 1893）.

13) エドワアド・ウオレップ「本願寺派禁酒会員に寄す」『反省会雑誌』9号（1888年8月）14-18頁。

14) 二人の経歴については多数の研究書がある。否定的な研究にはP・ワシントン『神秘主義への扉』（中央公論新社、1999）、肯定的なものにはハワード・マーフェット『H・P・ブラヴァツキー夫人』（神智学協会ニッポンロッジ、1981）がある。

15) 1887年発表の綱領は以下の通りである。「1.人種、信条、肌の色で差別されない、人類の普遍的同朋愛の核を構成すること。2.アーリヤ人種その他の東洋の文学、宗教、科学の研究を促進すること。3.すでに一部の協会々員が追求しているように、自然の謎の法則と人間の心霊能力を探求すること。」。普遍的同胞愛の原語は Universal Brotherhood で、四海同胞とも訳される。

16) ダーサの伝記は、Andrei Vashestov, Introduction, Philangi Dasa, Swedenborg the Buddhist（Arakana Books, 2003）.

17) Steven Kemper, *Rescued from the Nation: Anagarika Dharmapala and the Buddhist World*（University of Chicago,2015）p.76. この研究は、ダルマパーラの日本との関係を発掘し、神智学の影響を従前より大きく評価している。

18)『反省会雑誌』第5号（1888年4月）9頁。

19)「イスラユルの言葉より前の言葉が世界、特にアジアには存在した……現代でもない大タタールの国々では存在している」『真のキリスト教宗教』266節（True Christian Religion vol.1,

Swedenbrog Foundation, 2009. p.387)。この点については、ブラヴァツキーもすでに『イシス顕現』中で言及している。Isis Unveiled vol.1 1877 p.580.

20）『瑞派仏教学』（博文堂、1893）3頁。

21）Prothero, *The White Buddhist: The Asian Odyssey of Henry Steel Olcott*（Indiana University Press, 1996）p.104. なお、『仏教問答』147問には「仏教に於ては人に所謂霊怪（ルビ、ミラクル）と称する現象を発生せしむるの潜力ありとするや。答然り、然れとも是天然の現象にして之に反する者に非ず」（原文カタカナ、旧字。『仏教問答』三〇丁、三一丁）とあり、神智学的な部分も入っており、プロウセロの説はかなり図式的ではある。

22）Henry Steele Olcott, *Old Diary Leaves, Second Series*（Theosophical Publishing House,1954), pp.168, 169.

23）Henry Steele Olcott, *Old Diary Leaves, Fourth Series*（Theosophical Society, 1975), pp.112,113.

24）オルコット、今立吐酔訳『仏教問答』（仏書出版会、1886）緒言三丁。

25）奥山直司「日本仏教とセイロン仏教との出会い：釈興然の留学を中心に」『コンタクトゾーン』2号（2008）23-36頁、佐藤哲朗『大アジア思想活劇』（サンガ、2008）を参照。

26）「赤松連城」研究会編集『赤松連城　資料』（本願寺出版部、1982）によれば、同月30日発行『令知会雑誌』第5号、『教学論集』第30輯（明治19年6月発行）にも転載された。

27）『明教新誌』2225号（明治20年7月16日）6、7頁。

28）ダルマパーラの生涯については、杉本良男「四海同胞から民族主義へ―アナガーリカ・ダルマパーラの流転の生涯」『国立民族学博物館研究報告』36巻3号（2012）、285-351頁を参照。

29）『明教新誌』2244号（明治20年8月24日）6、7頁。なおオルコットは、この手紙ですでに「拙者日本に渡行するも某一宗の為に働かず只た通仏法の功徳を説き反対者の疑妄を弁するの本意」と、その通仏教的な態度を述べている。

30) 吉永進一「平井金三、その生涯」『平井金三における明治仏教の国際化に関する宗教史・文化史的研究』(科研課題番号16520060) 7-30頁。
31) なお、明治24年7月発行の『欧米之仏教』5号、8月発行の6号には、中西牛郎や堀内静宇も寄稿している。
32) 『反省会雑誌』第3号（1888年2月）18頁。
33) 『反省会雑誌』11号（1888年10月）25,26頁。海外宣教会の方針からすれば当然ではあるものの、Theosophyの訳語も「神智」（反省会、海外宣教会）に対して「霊智」（オルコット招聘事務所）とする点など、対抗意識をうかがわせる。
34) 『明教新誌』2312号（1888年1月14日）6頁。
35) 『明教新誌』2407号（1888年8月4日）11頁。
36) 『明教新誌』2437号（1888年10月6日）12頁。
37) たとえば東京では、3月2日アメリカ公使館と日本外務省を訪問、3日築地本願寺で法主と面会、5日米国公使館と大隈外務大臣を訪問、14日府知事を訪問、19日夜は芝の弥生社で府知事主催の会合で大臣などと会っている。『反省会雑誌』17号（1889年4月）27,28頁。
38) H.S.Olcott, *Old Diary Leaves, Fourth Series* (Theosophical Society, 1975) pp.139 〜 141.
39) 吉永「平井金三、その生涯」11頁。明治22年2月7日の日出新聞（後の京都新聞）に、「オルコット氏招聘ノ義ニ付キ諸方ヨリ拙者ヘ御尋合有之候ヘ共般来脳ヲ病ミ心思紛乱事務ヲ取ルニ堪ヘサルヲ以テ世話役ヲ辞シ一切事務ニハ関係致シ居ラス候間右ノ事ニ関シテハ其主任者ヘ御照会アルベシ此段広告候也 平井金三」。これと関係あるかどうかは不明であるが、『反省会雑誌』14号（1889年1月）に、平井金三が理事を勤めていた顕道学校が、このたび文学寮の附属分校となる予定とある（同、29頁）。ただし、顕道学校は結局、廃校になっている。その経緯については中西直樹「近代西本願寺教団における在家信者の系譜—弘教講、顕道学校、小川宗—」（福島寛隆編『日本思想

史における国家と宗教』上巻（永田文昌堂、1999）所収）を参照のこと。平井金三と顕道学校を支えた在家集団の間には何らかの関係があったものと想定されるが、今後の研究を俟ちたい。

40）『明教新誌』2507号（1889年3月4日）11頁。

41）H.S.Olcott, *Old Diary Leaves, Fourth Series* (Theosophical Society, 1975) pp.107-118. 日本語では「智恩院の大会」『反省会雑誌』16号（1889年3月）25,26頁も参照。知恩院小方丈に各宗代表者120余名を集めての会合に『反省会雑誌』記者も参加していた模様。

42）『明教新誌』2563号（1889年7月2日）6頁。

43）西尾秀生「明治期の仏教徒のオルコット理解」『印度哲学仏教学』21号（2006）によれば、『報知新聞』に掲載された記事は、大乗仏教の小乗に対する優位性を論じて、同時にオルコットを大乗仏教徒と持ち上げている。

44）『官報』1075号（1887年2月2日）21頁。

45）英語題名は *A short history of the twelve Japanese Buddhist sects*. 南條の序文によると発行人の佐野正道は、1885年5月にこの企画を開始したという。小栗栖香頂、江村秀山などの大谷派僧侶が中心となって執筆されたが、赤松連城も参加している。また英文校閲はビゲローとチェンバレンである。

46）『海外仏教事情』第1集第3版（1889年4月）133,134頁。

47）『海外仏教事情』第2集（1889年5月）1頁。

48）1887年の大会では304名、1888年アメリカ地区の年次大会では会員数は460名ほどであった。Anonymous, *The Theosophical Movement 1875-1950* (The Cunningham Press, 1951) p.119

49）島地黙雷「大乗教西漸の機運」『海外仏教事情』29号（1892年10月）がその好例である。

50）Stuart Chandler, "Chinese Buddhism in America", Prebisch and Tanaka eds. *The Faces of Buddhism in America* (Berkley, Los Angeles, London: University of California Press, 1998) pp.44-46.

51）『海外仏教事情』36号（1893年7月）に能海寛「西蔵国探検の

必要」、第37号（1893年8月）にカンドラ、ダス「西蔵国に就ての探検」など。Sarat Chandra Das（1849–1917）は有名なインド人チベット学者で、イギリスのスパイでもあった。後に古河老川は『密厳教報』（1895年3月）に「西蔵仏教の探検」を発表し、チベット仏教研究の必要性を神智学に関係させて論じている。

52）*THE BIJOU OF ASIA*, vol.1, no.1（July, 1888）p.2.
53）*THE BIJOU OF ASIA*, vol.1, no.1（July, 1888）p.2.
54）*THE BIJOU OF ASIA*, vol.1, no.1（July, 1888）pp.5, 6.
55）『反省会雑誌』7号（1888年6月）、9号（1888年8月）に同誌の論説が「れりじょん（宗教）トハ何乎」と題して翻訳掲載されている。
56）Lori Peirce, "Buddhist Modernism in English-Language Buddhist Periodicals" *Issei Buddhism in the Americas* edited by D. Williams and T. Moriya（University of Illinois Press, 2010）, p.97.
57）「巨人（＝キリスト教）に対する小人の宣戦布告に、微笑んでしまうだろう。私たちとしては、不案内な狂信者たちが、どうもオルコット大佐を同盟者にしているようだが、伝道の努力もむなしく幻滅にいたるのをよろこんで放っておくであろう」"Progress in Japan", *Edinburgh Review* no.351（July, 1890）pp.70, 71.
58）なお他の雑誌の神智学記事については、Akai Toshio, "Theosophical Accounts in Japanese Buddhist Publications of the Late Nineteenth Century: An Introduction and Select Bibliography" Japanese Religions", Japanese Religions, Vol. 34（2）pp.187-208、ならびにその原型となった科研報告書「心理主義時代における宗教と心理療法の内在的関係に関する宗教哲学的考察」（課題番号　13410010）所収、吉永進一「仏教系定期刊行物における神智学、心霊関係雑誌記事一覧」を参照のこと。
59）http://tswiki.net/mywiki/index.php?title=Laura_Holloway-

Langford (Retrieved July 30, 2014).

60) 『反省会雑誌』18号（1889年5月）14頁。
61) 『反省会雑誌』20号（1889年7月）7頁。
62) 同誌、20号、8頁。
63) 『龍谷大学三百五十年史』457頁。万国婦人矯風会のレヴィット夫人が反省会発足の前年に来日し、禁酒や廃娼運動が日本人キリスト教の間に広まっていった。
64) 『欧米仏教新論集』66頁。
65) 『海外仏教事情』第3集（1889年10月）9頁。
66) 『海外仏教事情』第9集（1890年4月）24,25頁。
67) Brian Bocking, "FLAGGING UP BUDDHISM: CHARLES PFOUNDES (OMOIE TETZUNOSTZUKE) AMONG THE. INTERNATIONAL CONGRESSES AND EXPOSITIONS, 1893–1905" *Contemporary Buddhism: An Interdisciplinary Journal* Volume 14, Issue 1, 2013.
68) Brian Bocking, Laurence Cox, Yoshinaga Shin'ichi, "The First Buddhist Mission to the West: Charles Pfoundes and the London Buddhist mission of 1889–1892"
69) *The Two World* (17 May 1889) p.326.
70) 『海外仏教事情』第7集（1890年2月）24-27頁。
71) 第8集に掲載された3通目の書簡（1889年10月25日付）でも、オルコットはロンドンで神智学を講演したが、賛成をえられるどころか批判を浴び、しかも暴動の首謀者で猥雑な書籍を編纂販売した「アニールビーサントと申す婦人」が神智学に参加しているので、「仏教と神智学とは全く其縁を絶つ事殊に必要と相感じ」とまで述べている。
72) *The Two World* (Dec.18, 1889) p.53.
73) 『海外仏教事情』第5集（1889年12月）31頁。
74) 『海外仏教事情』第7集（1890年2月）27頁。
75) 『海外仏教事情』第7集（1890年2月）31頁。
76) 『海外仏教事情』第8集（1890年3月）22-29頁。

77)『伝道新誌』第6年2号（1893年2月26日）6-8頁。

78)『明教新誌』3231号（1893年5月2日）掲載の「フォンデス氏の挙動」(7-8頁)によれば、釈雲照を訪問した際に無礼を働き、その後、堀内静宇と口論となり、ピストルで堀内を威嚇したという。

79)『浄土教報』143号（1893年5月5日）3頁。

80) フォンデスの墓を含めて、日本での事績については、岡崎秀紀「明治のアイルランド人受戒僧C.フォンデスについて（第Ⅱ報）」『石峰』第19号（能海寛研究会、2014年3月）を参照のこと。

81)『海外仏教事情』10集（1890年5月）35-38頁。

82) 西本願寺系真宗伝道会の発行していた『伝道会雑誌』11号（1890年4月21日）では、オルコットの講演ツアーが成功に終わったのは「只其れオ氏の学識と誠実の致したる所なり」と述べているが、『伝道会雑誌』4年11号（1891年11月21日）では、14か条の提案について、「思うに氏は大乗の仏教たるを知って未だ教理の何ものたるを識らざるか故に這般の要求をなす固より怪しむに足らざるべし」と冷淡である。

83)『新仏教論』（興教書院、1892）附録1-18ページ、「第一オルコット氏の南北仏教連合策」を参照。中西は、14か条に大乗仏教が含まれていないと批判。

84)『明教新誌』3291号（1893年9月4日）付録。加藤熊一郎訳「佛教の神秘」。なお加藤は平井金三に英語を学んでいる。もともとはNineteenth Century誌に掲載された講演録で、Buddhist Rayに転載されたもの。

85) 松山緑陰（松太郎）「秘密仏教」『伝灯』56号（明治26年10月）、土宜法龍「欧米仏教之大勢」『浄土教報』188号（明治27年8月5日）など。

86) 中西牛郎『宗教革命論』（博文堂、1889）169-192頁。原文カタカナ。

87) 中西牛郎『厳護法城』（山岡悦、1897）13頁。

88)『反省会雑誌』5号（1888年4月10日）8頁。
89) 中西牛郎については星野靖二「明治中期における「仏教」と「信仰」―中西牛郎の「新仏教」論を中心に」『宗教学論集』29号（2010）、中西直樹「明治期仏教教団の在家者教育の一齣―一八九二年「文学寮改正事件」と中西牛郎―」赤松徹真編『日本仏教の受容と変容』（永田文昌堂、2013）、九州仏教団については中西直樹「明治期における九州真宗の一断面―九州仏教団と九州仏教倶楽部を中心に―」『筑紫女学園大学・短期大学部人間文化研究所年報』21号（2010）を参照のこと。
90)『令知会雑誌』61号（1889年4月23日）7頁。
91)『令知会雑誌』61号（1889年4月23日）9頁。
92) 甲斐方策『日本仏教之新紀元』（佛教学会、1894）36頁。
93) 梶宝順『戦後佛教革新策』（佛教学会、1895）7頁。なおこの著作は、冒頭に梶の「戦後の日本及佛教」という論文を収め、残りは甲斐方策『日本佛教之新紀元』である。
94) 梶宝順『戦後佛教革新策』16頁。
95) 梶宝順『戦後佛教革新策』18頁。
96) 杉村広太郎編集『老川遺稿』（杉村広太郎、1901）115頁。杉村広太郎は、後に朝日新聞記者として有名な楚人冠で、当時は縦横という号で仏教界に知られた。

第三章

明治期九州真宗の一断面
――通仏教的結束から世界的運動へ――

中西直樹

はじめに

　明治以降の西本願寺教団は、仏教各宗派の先頭に立って教団の近代化を推進し、複雑な本末関係を解消して末寺の平準化を図るとともに、強固な本山＝中央集権体制の構築に向けた諸施策を展開してきた。しかし、その過程で在家信者や末寺僧の教団に対する求心力を減退させ、各地域における結束とそれにもとづく主体的な活動や地方教学の衰微を招いてきたことも否定できない。

　すでに筆者はこうした傾向に着目し、1883（明治16）年の教会結社条例の施行により、明治初年以降に大きな高まりを見せた在家信者の講社組織が解体に追い込まれたこと[1]、1888年の執行公選制をめぐる公選議会（集会）での論戦の過程で本山と法主の権限が強化され中央集権体制が推進されていったこと[2] などを指摘してきた。しかし、これに続く1890年前後は、むしろキリスト教の教勢拡大に触発され、仏教信仰による地域の結束が全国的に高揚した時期であった。その活動は、女学校や簡易小学校の設置等の教育事業[3]、施薬院等の医療救護事業や貧困者救済等の慈善事業[4] など多岐に及び、帝国議会の開設や日本初の恐慌の発生といった状況のなかで、変革期を乗り切ろうとする旧来の在地勢力の支持を受けて各地で活発な運動が展開された。

　とりわけ九州は、前近代より幾多の学僧を輩出し、私塾や学寮も各地に設置されて、独自の教学・布教活動が展開されてきた地域であった。また、本山から離れた地理的条件も手伝って、宗派を超えた独自の活動を模索する動きが起こっている。こうしたなか、熊本の西本願寺の末寺僧を中心として、東本願寺と興正寺の末寺僧も糾合した真宗三派により九州仏教団や九州仏教倶楽部が組織され、宗派を超えた仏教徒の結束を目指す気運が高まった。やがて、その結束は同じく通仏

教を掲げる海外宣教会との連携へと結びつき5)、世界的宗教の動向にも眼を向けるようになり、1893年にはシカゴ万国宗教会議へ独自に参加者を派遣するに至っている。

　本稿では、九州仏教団と九州仏教倶楽部を中心として、1890年代中葉までの熊本における西本願寺の末寺僧の動向を取り上げ、明治期九州で醸成されつつあった真宗の新たな動きの一端を明らかにしていきたい。

1　熊本における三業派と聞信派の対立

熊本三業派から御膳米講へ

　戦前までの熊本は、九州地方の地理的な中心地に位置することから、軍事・行政の重要拠点とされ、第五高等学校が設置されるなど、教育・文化の面でも長く九州の中心的役割を果たしてきた。一方、真宗の側から見れば、近代までの熊本は、真宗禁制の方針をとる薩摩に接し、真宗伝播の南端に位置していた。こうした地理的事情もあって江戸期に起きた三業惑乱では、教団から異端とされた三業派の重鎮大魯が潜入するという事件も起こり、多様な宗学理解が混在しやすい状況が生じていた6)。三業惑乱の影響は近代以降も続き、このため熊本では教学面での混乱がみられた一方で、却ってそのことが真宗教学と布教活動への関心を呼び起こし、真宗の盛んな土地柄を育んできたともいえる7)。そして、この熊本での対立の超克こそが、九州仏教団・九州仏教倶楽部の結成に結びついていったのであるが、その中心となったのも、実は教団側から異端とされた三業派の僧侶たちであった。

　三業派は、身口意をもって帰命の心を表し仏に助けたまえと求めなければならないという立場をとり、従来これは本山の学林でも正統な教説とされてきた。しかし、芸備地方の在野の学僧等からの批判が提示されると、教団を二分する大きな論争・対立へと発展していった。1806（文化3）年7月に至り、ようやく幕府の裁定によって三業派を

異端とすることで決着をみたが、熊本には三業派が大きな広がりを見せていたようである。裁定の翌年2月に、本山の坊官らは熊本の三業派64か寺の寺名を掲げ、本山に召喚して回心させるべく、熊本藩寺社役人に上洛の許可を求めている8)。しかし熊本の三業派の勢力が衰えることはなかった。1824（文政7）年の段階で、「御膳米講七八十ケ寺計之処百ケ寺余ニ相成」9)と報告されているように、三業派の寺院で組織された御膳米講は、むしろ増加する傾向にあったようである。さらに1841（天保12）年の書状に掲げられた「肥後国飽田郡熊本御膳米講法中」には167か寺の寺院名が記載されている10)。

明治以降も熊本では、三業派とこれを異端視する聞信派との対立は続いていたようである。1879（明治12）年に仏教系新聞『明教新誌』は、その状況を次のように報じている。

> ○熊本県下には真宗本願寺派の寺院凡そ五百ケ寺程もあり何れも同朋一味の喜びあるべきにその内御膳米講と称する組合八十余ケ寺と十八日講十四日講と称する四百余ケ寺の間往昔より種々の紛乱ありて是まで本山よりも縷〻説諭せられしが更に和熟することなく法用の勤め合は更なり縁組なとも致さゞること宛も水火相容れざるが如き景況なるは浅ましき事なりしが過る二月中本山派出藤仰誓氏（筑前若市村西宗寺住職）の懇篤なる説諭に遇ふて一同之に服従し互ひに約束を取換せ以来は水魚の交誼を結ばんとの誓ひをなせし由11)

御膳米講から法住教社へ

熊本の三業派と聞信派の対立は、その後も収まることはなく、自由民権運動期になると、三業派の寺院は法住教社を組織し、聞信派寺院は酬恩社に加入して対立したようである。法住教社の関係資料は、その多くが散逸しているようだが、その主導者の評伝である『八淵蟠龍

伝』12) の記述から、その概要を知ることができる。また、御膳米講・法住教社の系譜に属する三業派寺院の約20か寺は、1959（昭和34）年に至り西本願寺教団を離脱し法住教団を組織したが、その年史『法住教団百年史』13) にも「規約」等の資料が掲載されている。

それらによれば、法住教社は、1879（明治12）年に熊本県上益城郡御船町東福寺の八淵蟠龍の主唱によって設立されている。東福寺は必ずしも三業派の中心的寺院ではなかったようであり、文化4年2月に、本山が召喚しようとした64か寺のなかに含まれていない。『八淵蟠龍伝』によれば、蟠龍の祖父徹道は、単身上京して三業派のために運動しているが、三業派の中心である七代能化智洞の門下と別の学系に属していたようである。

また『八淵蟠龍伝』の著者佐々木憲徳は、八淵が三業安心に関する教学を学んだ形跡がないこと、その活動が宗派を超えた通仏教なものであり宗学に余り関心を示していないことなどを指摘した上で、法住教社と三業派・法住教団の関連性を否定し次のように述べている。

> 世上には法住教社と法住教団とを同視するものもあるが、それは謬見である。何となれば一は蟠龍自身が通仏教の立場をとったものであり、他の一は専ら功存、智洞ことに正運の宗学思想を正当として主張する団体であって、信仰教学のうえよりも全く性格的相違が存在している14)。

しかし、三業派から御膳米講へ、法住教社、そして法住教団へと至る勢力に一貫した継続性のあることは明らかである。『法住教団百年史』は、法住教社設立の中心となった熊本の寺院・人物として、19か寺22名を挙げているが（別に肥前の1か寺1名も記載）、そのほとんどが天保期に御膳米講に名前を連ねた寺院であり、さらにその半数が文化期に本山が召喚しようとした三業派の有力寺院であった。また

半数近い8か寺が、1959（昭和34）年、最初に西本願寺教団を離脱し法住教団を組織した17か寺に含まれており、法住教社設立の中核となった寺院が、後に法住教団設立の際にも中心的役割を果たしたことがわかる（図表1参照）。

　こうした状況のなかで、法住教社と三業派・法住教団との間に全く内的関連性がないとは言い切れないであろう。確かに教学的に言えば、佐々木の指摘するように、両者は、教団内の異端派と宗派を超えた通仏教という別の方向性を有しているようにも見えるかもしれない。しかし、果たしてそこに一貫性は存しないであろうか。この点は後に検討するが、ここでは、教団から異端視された側の方が、むしろ教団内の制約を超えて新たな視座を獲得いていく条件に恵まれていたということだけを指摘しておこう。

（図表1）法住教社と御膳米講・三業派との相関関係
※印は、1959（昭和34）年、最初に西本願寺教団を離脱し法住教団を組織した寺院（17か寺）であることを示す（『法住教団百年史』）。

法住教社設立の中心人物 [19か寺] 明治12（1879）年 （『法住教団百年史』）	御膳米講法中名簿 [167か寺] 天保12（1841）年 （『肥後国諸記』）	三業派の有力寺院 [64か寺] 文化4（1807）年 （『肥後国諸記』
※山鹿万行寺大道憲信	山鹿郡吉田村万行寺	
城北明嚴寺新道義海	菊池郡木野村明嚴寺	
※玉名光徳寺緒方大圓	玉名郡玉名村光徳寺	
※西里金剛寺菊池真龍	飽田郡在五丁村金剛寺	河東村金剛寺
清水光照寺亀光誠成	飽田郡在亀井村光照寺	亀井村光勝寺
池田光永寺光永公城	飽田郡在池田村光永寺	池田村光永寺同新発意智津
川尻明善寺川尻了廣	飽田郡川尻町明善寺	川尻村明善寺
白藤大栄寺石浦僧禪	飽田郡在池垣村大栄寺	池畑村大栄寺
菰入浄専寺本山深英		

平田寿徳寺河邊秀英、河邊南涯	益城郡平田村寿徳寺	
※板楠正念寺武田哲道	玉名郡板楠村正念寺	
※木葉正念寺隈部至實	玉名郡木葉町正念寺	木葉村正念寺
※川登元正寺磨墨體量	玉名郡川登村元正寺	門登村在京元正寺（河ヵ）
平井専徳寺藤院選礎、藤院大了、法尋道	山本郡平井村専徳寺	
※田島光徳寺平野摑綱	合志郡光徳寺	
※広明蓮寺隈部日圓	山鹿郡広村明蓮寺	
八分字正福寺廣海渥美	飽田郡在正保村正福寺	正保村正福寺
網田西宗寺本田想明	宇土郡鋼田村西宗寺（網ヵ）	網田村西宗寺
白石西福寺受樂院篤圓	玉名郡白石町西福寺	

酬恩社設立の経緯

　三業派・御膳米講が法住教社を設立したのに対して、聞信派はどうのように対応したのであろうか。これについて、佐々木は『八淵蟠龍伝』のなかで次のように記している。

　　蟠龍を中心とせる僧俗の人々の盛んな活動ぶりをながめては、果然嫉視が生じ、中傷的流言蜚語が飛ばされることになり、なかには京都の本山に向かって、蟠龍は旧来、三業派につながる寺院僧侶並にその門徒衆を結束して、新たに異安心団体を組織する者として、告訴する者さえ現われるに至った。（中略）ところが京都の本山当局はなかなかに賢明であって、そんな内紛的誣告には耳をかさず、別に肥後教区の有力者に向って、新たに団体組織をするように知恵つけ、その結果として出来たのが、いわゆる酬恩社であり、その社長格には藤岡法真が就いており、彼は真面目な宗門政治家という型で、本山の要職にもついていたのである[15]。

また、熊本の酬恩社に関する論考には日野賢隆の論文「酬恩社とその周辺」があり、そのなかでも次のように述べられている。

　　熊本地方では、三業派の寺院は酬恩社に参加しなかったという伝承がある。三業派は本願寺教団から異端の烙印をおされた集団で、この集団は「御膳米講」に結集していた。これに対する酬恩社は、正統派の結社であり、「御膳米講」と対抗関係にあったといわれている16)

　両者が指摘するように、三業派の法住教社と聞信派の酬恩社とが対抗関係あったことは間違いのない事実と考えられるが、佐々木が指摘するように、法住教社の設立が熊本における酬恩社の結成を促したとは考えにくい。
　そもそも酬恩社は、関東の熊谷県への開教活動に赴いた山口県出身の小野島行薫が、1876(明治9)年2月、同地で信徒勧誘を図るために設立を企図したものであった。当時の熊谷県令楫取素彦は、関東は仏教信仰が薄く民情が荒いと感じており、妻寿子(吉田松陰の妹)が熱心な真宗の信者であった影響もあって、西本願寺の明如法主に布教使の派遣を懇願し、小野島が同地に派遣されたのであった17)。小野島は、自伝『對榻閑話』のなかで、新たに北関東に進出するにあたって他宗派との軋轢を避けるために、こうした教社を設立する必要があったと回想している。
　果たして、その方策は功を奏し、設立後の酬恩社は熊谷・高崎・前橋・浦和などに次々と説教所や出張所を設置して、従来真宗の教えが広まっていなかった群馬・埼玉県に布教の基盤を築いていった18)。1878年8月5日には内務省の設置認可を受け、同年10月に酬恩社規則を制定。この間に、群馬県前橋に第一分局を、埼玉県熊谷に第二分局を、神奈川県八王子に第三分局を置いた19)。さらに小野島は、翌月

に京都を経て九州へと至り、各地を巡回して酬恩社の趣旨を鼓吹し、翌79年1月には熊本に第四分局を設置したようである[20]。

酬恩社の熊本進出の事情

　関東に布教拠点を築いた酬恩社が、なぜ次の拠点に遠く離れた熊本を選んだのであろうか。「開教」という観点から言えば、薩摩・琉球方面の布教をにらんでの意図があったのかもしれないが、熊本を中心として九州を巡回した最大の理由は、資金面での支援を期待してのことであったと考えられる。小野島は、酬恩社が解散式を挙げた1883年の時点で2万円を超える負債金があったと回想しており[21]、莫大な経費を要する関東方面の開教資金の捻出は、小野島と酬恩社にとって愁眉の課題であったと考えられる。

　1879（明治12）年9月、小野島は酬恩社と興隆社との協定を実現させたが、その第一条には「興隆社より毎月金一百円を酬恩社に附し酬恩社本局費用に充つべし」と規定されていた[22]。興隆社は、1876年に大洲鐵然らにより設立されており、その設置目的は、布教伝道の事業を専ら本山に頼るのではなく、自主的な教化伝道活動の活性化を図り、またはその活動を支援して真宗信仰の興隆を期することにあった[23]。設立に際しては、明如法主も資金を寄付しており、社の規則によれば、僧俗を問わず宗教興隆に志あるものを社員として資金を募り、真宗信徒に奨学金を交付する規則も定めていた[24]。仏教系新聞『明教新誌』によれば、京都に本部を置いて広島・長崎・福井などに社員を派遣していたようである[25]。

　このように、酬恩社が関東の無教地の開教のために組織された講社であるのに対し、興隆社は京都を拠点に西日本の真宗の篤信地域に社員を派遣し、主に布教伝道活動資金を募る活動を展開していた。そうしたことから、両社の間で協定が結ばれたのは当然の成り行きであり、しかも、酬恩社の本局事務総理は島地黙雷、その実質的な主導者は小

野島行薫、興隆教社設立の提唱者は大洲鐵然というように、両社は宗政の中枢にあった長州系僧侶に指導された講社でもあった。また小野島にしても、島地黙雷にしても、かつて九州に遊学した経験をもち26)、現地の状況に明るく、真宗信仰に篤く教学・布教活動が盛んな熊本には支援を受けやすい条件が整っていると考えたのであろう。こうして酬恩社は、興隆社の影響力がいまだ及んでいない有望の地・熊本を巡回し、その活動資金を募ったものと考えられる。一方、熊本の聞信派にとっては、本山有力者と強いパイプをもつ酬恩社に加入することは、自らの正統性を印象づけることにもつながると意識されたのではないだろうか。こうした事情から酬恩社の熊本を進出は成功を収め、小野島は、肥前・肥後で1万人を超える入会者があったと回想している27)。

　以上のように、熊本の酬恩社は、1879年1月に設立されたのであり、そのための準備活動はすでに前年に始まっていたのに対し、佐々木憲徳によれば、法住教社の設立は1879年であった。設立の月日や詳しい事情は不明であるが、『法住教団百年史』には、翌年5月の「真宗教会法住社規約」が掲載されている。こうした点から類推するに、法住教社の結社に刺激されて熊本の酬恩社が組織されたのではなく、本山宗政を掌握する長州系の酬恩社に聞信派が組み込まれていくなかで、危機感を抱いた三業派が新たに法住教社を結成したと考えられるのである。

2　酬恩社と法住教社の協調性の醸成
酬恩社と法住教社の結社理念

　熊本における酬恩社と法住教社とは、江戸期以来の聞信派と三業派の歴史的対立を背景として設立されたものではあったが、互いに近代以降の新たな課題にも対応しようという方向性も示していた。

　まず両社の結社の理念からみていこう。関東での開教活動を推進し

第三章　明治期九州真宗の一断面──通仏教的結束から世界的運動へ──

ていくために酬恩社では、「教会要旨」として、次の四か条を定めている。

　　第一条　父母生育恩　祖先の祭祀を重んじ子孫長久を保つべき事○家職を勉強し自己の分限を誤まるべからざる事
　　第二条　皇上至仁恩　維新の良政を奉戴し文化の隆盛を求むべき事○租税賦役等百事の政令に背くべからざる事
　　第三条　大悲摂化恩　無常の世に処するや常住の妄執を離るべき事○弥陀無辺の光明と毫も遮障すべからざる事
　　第四条　人民交際恩　鰥寡孤独及び貧窮疾病の者を憐愍すべき事○隣里郷党の交りに信義を欠くべからざる事[28]

　ここで示されているのは、真俗二諦の教説に基づく近代天皇制のもとでの忠良な人物像であるが、真宗特有の表現がかなり控えられた内容ともなっている。無教地で真宗信徒以外への布教と他宗派との軋轢を意識したためとも考えられるが、この「教会要旨」とほぼ同文のものが熊本の酬恩社でも配布されていたようである[29]。熊本は、熊本バンドと呼ばれるプロテスタントの指導者を数多く輩出した地域であり、キリスト教への危機感は早くから認識されており、宗派を超えて仏教徒として結束する必要性から、通仏教的表現がそのまま受容されたものと考えられる。実際、玉名郡南関町正勝寺に保管されている熊本県乙第一教会の「酬恩社員名簿仮控」によれば、真宗大谷派寺院の信徒も多数加入しており、少数ではあるが禅宗の信徒の名も見える[30]。

　こうしたことは、前近代に考えられなかったことであるが、通仏教的という傾向では法住教社の方がさらに徹底していたと推察される。とりわけ指導者の八淵蟠龍は、仏教宗派が結束して国家の繁栄に貢献すべきであるという意識は強いものがあった。八淵は1894（明治27）

年刊行した『佛教護国方案』という小冊子のなかで、

> 国家存せずして仏法将た安くにか存せん。然らは国家を護持するものは、仏教最第一の責任なりと謂はざるを得ず。是れ我輩が以上二個の問題を解釈して、仏教は国家に関係あり。否必ず関係せざる可らず。仏教は国家を裨補せざる可らずと断言する所以なり31)。

と仏教の果たすべき責務を述べた上で、仏教を中核とする国家勢力結集の必要性を次のように呼びかけている。

> 此の真理此の信仰、此の生命。合せて之を仏教の勢力と称す。而して今や此の勢力が国家を感化すべきの時期は到達せり。我輩願くば此勢力を中心として我が日本帝国の諸勢力を統一せん。我輩願くば此の勢力を基礎として我が日本帝国の一大建築を之が上に据え置かん32)。

こうした意識からすれば、仏教宗派間の対立は、第一に否定されるべきものと理解されることになるであろう。しかし、その立場は、真宗信仰の普遍性を問題として成立したもののではなく、国家と仏教全体の現実的権益を護持しようとする姿勢から導き出されたものでもあった。

酬恩社と法住教社の組織と事業

次に講社の構成員について言えば、両社ともが僧侶だけでなく、在家信者の加入を積極的に募ったようである。しかし、熊本酬恩社の場合は、熊本県酬恩社規約細則に「正副幹事ハ本派僧侶社員ノ中、才学徳望衆ニ勝ルル者ヲ公選シ」、「小会長ニ任スルハ、本派教導職ノ人ニ

限ル」と規定されている33)ように、西本願寺の末寺僧が指導的役割を果たすことが明記されていた。これに対して「真宗教会法住社規約」の第一条には「熊本県下本派僧侶及ビ有志者ト盟約シ教社ヲ結集シ社名法住社ト称ス」と規定されており、僧侶と在家者が対等に結束するという方向性が示されていた34)。

さらに酬恩社の手がけた事業に関しては、「熊本県酬恩社規約細則」に「本会収納金ハ三分シ、一ハ、教会資金トシテ本局ニ収メ、一ハ、本山ニ上納シ、一ハ、地方ノ慈善ニ供ス」と規定されており、地方の慈善事業として「社員死亡ノ追弔、類焼ノ見舞、貧者病者ノ救助、学校病院ノ献金、道路橋梁ノ修繕等」が挙げられている35)。旧来の共同体秩序が解体の兆しを見せ始めるなかで、種々の慈善事業を通じて新たな地域の結束を構築していこうという方向性も見受けられるが、集められた資金の三分の二は酬恩社本局と本山に上納されることとなっていた。この内、本局への志納金は関東方面の開教費用に充当する意図があったのかもしれないが、その使途についての記載はない。つまり、熊本酬恩社においては、地元に還元されるべき事業よりも、本山との連携の方を重視していたと見るべきであろう。

一方、法住教社の活動の中心は、「一に青年教育の施設、二に月刊雑誌の発行という二大事業」36)であった。その青年教育の施設としては、熊本市外神水に神水義塾が開設されている。八淵が仏教を講じ、八淵の盟友中西牛郎が塾主となり英語と仏語を、その父中西惟格が漢学を担当した。法住教社は、規約の第二条に「本社ヲ施行スルハ専ラ異教ヲ防遏シ、本宗二諦ノ教旨ヲ永遠不朽ニ住持セ令ルニ在リ」とキリスト教への対抗する意図を明確に表明し、第七条には「教法ノ興ラザルハ教師ノ尽サザルニ在リ」37)と記されている。こうした意図から、西洋の語学・文化にも通暁した幅広い視野を有する人物の養成に力を注いだものと推察される。また後には、八淵と中西が中心となって、文学・理学・経済・衛生・教育等の多様な領域から仏教の直面す

る課題を論議するため、月刊誌『國教』も創刊された。

　以上のように、熊本酬恩社と法住教社とは、仏教他宗派や在家者とも協調し、時代の要求する事業を手がけていこうとする点で共通の課題を有していたといえる。しかし、熊本酬恩社の側が西本願寺本山との連携を重視していたため、その課題に対する姿勢を明確にできずにいたのに対し、教団中枢と距離を置く法住教社の方は、こうした路線を鮮明に打ち出し、先進的な事業展開をすることができたといえる。そして、キリスト教の教線拡大に対する危機意識が高まるに従って、両社の方向性の相違は、教団として結束するか、仏教全体で連携するか、という現実的対応の選択の違いにすぎなくなり、伝統的な教学理解の対立は次第に問題とならなくなっていったと考えられる。

本願寺派「結社条例」発布後の状況

　1882（明治15）年12月、西本願寺教団は真宗本願寺教会結社条例を発布した。この結社条例は、同年6月に明治政府が自由民権運動を取り締まるため集会条例を改正したのに歩調を合わせて制定されたものであり、教団内の講社活動の全国的広がりの抑止を主な目的としていた。この結社条例では、結社の範囲を一府県・一国に限定し（第1条）、社員の他国への布教を無教地に限る（第11条）等、講社の地域を越えた拡がりの分断が目指されていた。また本山は幹事の改選（第8条）、結社の中止・解散を命ずることができ（第16条）、社則の制改訂に本山の認可が義務づけられる（第15条）など、本山の介入・権限が強化されており[38]、翌年5月から施行されることとなった。

　この結社条例の施行に先立つ1883年2月25日、社員数20万人を数え、群馬・埼玉・神奈川・熊本に分局を置く酬恩社の解散式が挙行された[39]。これにより、熊本の酬恩社は全国的な規模を有し本山有力者とも連携する講社ではなくなり、法住教社と同じように熊本地方の一結社となったのである。その後の熊本酬恩社の活動を示す資料

が、前述の玉名郡南関町正勝寺に保管されており、日野賢隆は熊本酬恩社による三業派寺院への加入の働きかけがあったことを明らかにしている40)。しかし、本山やその有力者との連携が途切れたことにより、熊本酬恩社のあり方は、法住教住のそれに近似していく方向性をたどったものと考えられる。

1886年になると、西本願寺教団は、熊本酬恩社と法住教社の双方に明如法主の消息を発している。まず、熊本酬恩社に対しては、同年2月27日付で次のような消息が発せられた。

> 聖師聖人御相伝流の肝要ハ、たゝこの信念ひとつにかきれり、これをしらさるをもて他門とし、これをしれるをもて、真宗のしるしと須、其信心のおもむきといふは、仏願の生起本末を能聴聞し、摂受衆生の願力に投託することはりを信して、毫末もおのかはからひをましへす、無疑無慮乗彼願力定得往生と由、若金剛の想に住し、住不退転の大益をあおぐ、これを真実の信心を得たる人とは申なり、此真決得のうへは、すでに仏願に相応し、仏語に随順する身なれハ、行住坐臥動静已にあらす、心に大悲の弘誓を念し、口に如来の嘉号をとなへ、広大の恩徳を報謝し奉るはかりに候、かくのことく、一流の肝要たる他力の信心に住すれハ、言行忠信表裏相応の金言にかなひ、おのつから王法の禁言にそむかさるゆへに王法を本とし、朝恩に酬るを真宗の掟とはさため給へり、其朝恩にむくゆといふもむつかしきことにはあらす、人民おこたれハ、国随ておとろへ、人民つとむれハ国随て興る、されハ、農・工・商の別なく、進ては兵役につき、退てハ職業をはけみ、世の公益をはかり、各自に身をおさめ、家を斉れハ、遂に世の中安穏にして、その身もまた其倖福を全ふすへきことに候へば、世出世もつき誤なく美しく法義相相続せらるへく候也

あなかしこ〳〵
明治十九年
　二月二七日
　　龍谷寺務釈光尊印
　　　　熊本酬恩社41)

　この消息では、まず真宗の信心について述べた上で、真俗二諦の立場から天皇制国家の忠良なる国民として行動すべきことを求めている。また同年8月4日には、法住教社にも次の内容の明如の消息が発せられた。

　倩おもんみるに我等衆生、曠劫よりこのかた三界に（足令）跡し六道に輪廻して出離その期なきこと、あさましといふもなほおろかなり。しかるに宿因多幸にしてうけがたき人身を受、あひがたき佛法にあふこと、よろこびてもなほあまりあることにあらずや。抑々当流にすゝむるところの他力の信心といふは、もろ〳〵の雑行雑修自力の心をふりすてゝ、一心に阿弥陀如来我等が今度の一大事の後世御たすけ候へとたのみ奉るばかりなり。そのたのむといふは他力の信心をやすくしらしめたまふ教示なるがゆへに、たすけ給へといふはこれ大悲の勅命に信順する心なり。身口意のみだれごころをつくろひてねがひもとむる心にはあらず。もとより大悲の本願は我等がために成就し給ひたれば、其佛願に信順し奉る一念に、願力の不思議として往生の治定せしめ給ふ。されば往生の一大事につゆばかりも疑ひなければ、畢命為期、報謝の称名をいとなみ、雨山の洪恩を念報せらるべく候。別して方今維新の聖代に値遇し、恭くも億兆保護の朝恩を蒙ることに候へば、身を修めて家を斉へ愛国の誠を尽し、何事によらず他の嘲を受けざるよう、世出世につき心を

用い、美敷法義相続せられ候やう希ふ所に候なり。あなかしこ

　　　　明治一九年八月四日
　　　　　　龍谷寺務　釈光尊　印
　　　　　熊本県下
　　　　　　法住教社[42]

　法住教社への消息では、「たすけ給へといふはこれ大悲の勅命に信順する心なり。身口意のみだれごころをつくろひてねがひもとむる心にはあらず。」と三業帰命の説を批判し、教団の主張する正統教学への恭順を促す文言は見えるものの、内容的に熊本酬恩社と大きな相違があるわけでなく、むしろ双方に同様の消息を発していることは注目に値する。この年3月に護持会の設立を発表し教学資金の募財を広く門末に呼びかけようとしていた本山側にとって、法住教社も、熊本酬恩社も同様に支援を求めなければならない重要な組織であった。

3　九州仏教団と通仏教的勢力の結集

熊本有志団の結成

　全国的組織としての酬恩社の解体により、法住教社と熊本酬恩社の存在意義は一層近似するものとなっていったと考えられる。特に前述の明如の消息が出された1886（明治19）年以降で、両社の名称を冠して活動することはほとんどなくなっていったようである。

　一方、当時のキリスト教は、1883年の横浜祈祷会を契機として起こった「リバイバル」（信仰復興）以降、政府の欧化主義政策もあって1880年代後半にその教勢を大きく拡げた。特にキリスト教主義の学校は全国各地に設置されるに至った。西本願寺当局が教学資金の募財のため護持会の設立を急いだのも、教育事業を通じてキリスト教に対抗する意図があったと考えられる。そうしたなかで、仏教全体の勢力

を結集し在家信者も取り込んで教育事業の振興を図ろうとする法住教社の路線は、仏教界に大きな支持を受けつつあった。熊本でも、八淵蟠龍とその盟友中西牛郎を中心として真宗勢力の新たな結集を図る動きが本格化する。1889年2月発行の『伝道会雑誌』は、そのことを次のように報じている。

●熊本有志団結会　殺気満空降血雨、炮声乱発万雷驚と云ふ光景も、過去の歴史となりたる彼の九州の古戦場肥後の熊本は、今や瀲々として王化の露に濕ふと雖も、其風土の然らしむる所なるにや、人心最に激昂し易く、為めに政党の軋轢抔も、殊に盛なるが、亦剛強奇抜の士を出すこと多く、其国今猶ほ天下に雄視せり、然るに我仏教の如きは、古来碩哲の輩出するありて、仏日の盛に照臨せし時もこれありしが、輓近稍々傾下し、漸く夕陽残照の景ありと雖も、藤岡法真。八淵蟠龍。加藤恵証等の諸氏の閃出する有て、東奔西馳能く匪躬の力を効し、鋭意熱心、能く仏日の回天を記企図せらる、こそ、吾人の宿疑をして、一朝氷融せしめたるが如し、殊に此頃藤岡氏監事長となり、熊本有志団結会なる者を、組成せられたりと、其趣意を聞くに云く、自治の気力を養ひ、仏教の精神を発揮し、真理と国家に対し、将来大に為す所あらんとすと、且つ国粋党の袖領として、学識に名望に、共に西州に噪はした津田静一。中西牛郎の諸氏、亦此会に加盟し、共に同体一致の運動を試みんとすと、抑々政治と宗教と其区画。井然固より相犯す可きに非すと雖とも、其国害を除き公益を謀り、真理を重んし秩序を守るの一点に関し、倶に其趣きを同ふするの日に至りでは、固より政教の畔岸を論するに遑あらず、然らば則ち今や肥後の国粋党と、仏教家が一致団結以て、為法為国の運動を為す者、是れ其意気の相投したる者と謂つへきか、嗚呼此国にして此人あり、此人にして此事

を企つ、我仏教の隆運亦期して侍へきなり43)。

　この熊本有志団では、熊本酬恩社の中心的な人物であった藤岡法真が監事長となっているが、八淵蟠龍とその盟友中西牛郎も加わっている。さらに通仏教的立場から国益に資する運動を展開しようという設立趣旨が述べられており、そこには八淵と法住教社の考えが色濃く反映されている。つまり、熊本有志団の結成は、熊本酬恩社の側が法住教社の理念に歩み寄る形で実現したと見て間違いないであろう。

中西牛郎著『宗教改革論』

　熊本有志団の結成が報じられた同じ月、中西牛郎の著書『宗教改革論』が刊行された。この書には大胆な仏教改革構想が提起されており、この構想に沿って旧仏教を新仏教に改編するならば、仏教はキリスト教に代わって宗教界を席巻する地位を占めるに違いないという展望が述べられていた。中西は、その新仏教の具体的な特徴を旧仏教と比較において次の七点に整理して説明している。

　　第一、旧仏教ハ保守的ニシテ新仏教ハ進歩的ナリ
　　第二、旧仏教ハ貴族的ニシテ新仏教ハ平民的ナリ
　　第三、旧仏教ハ物質的ニシテ新仏教ハ精神的ナリ
　　第四、旧仏教ハ学問的ニシテ新仏教ハ精神的ナリ
　　第五、旧仏教ハ独個的ニシテ新仏教ハ社会的ナリ
　　第六、旧仏教ハ教理的ニシテ新仏教ハ歴史的ナリ
　　第七、旧仏教ハ妄想的ニシテ新仏教ハ道理的ナリ44)

　まず第一から第四までで、中西は仏教教団の封建性を払拭した在家信者に開かれた教団のあり方を求めている。特に僧侶の教団内の特権的地位の打破するために、僧侶世襲制の改革に論及していることが注

目される。そして、教団の資金を荘厳な殿堂建立等の虚飾・驕奢的な事業に投入することを止め、実用・慈善的事業に充当すべきだと主張している。さらに第五では、各宗派がその枠内にのみ眼を向け仏教全体としての結束を欠いている状況を次のように指摘している。

> 今日ノ信徒ハ自己アルヲ知リテ其他ヲ知ラズ、今日ノ本山ハ一派アルヲ知リテ其他ヲ知ラズ。故ニ旧仏教ト耶蘇教トヲ以テ之ヲ譬フレバ、耶蘇教ハ其兵寡シ然レトモ其訓練ノ熟練ナル、其隊伍ノ整粛ナル、一将令ヲ発スレバ万兵響ニ応シテ進退スルノ快観アリ。之ニ反シテ、旧仏教ノ兵耶蘇教ニ千百倍スルヲ知ラズ。然レトモ共同ノケ引ナク、共同ノ運動ナシ。故ニ常ニ衆ヲ以テ寡ニ制セラレ、強ヲ以テ弱ニ破ラレ、殆ンド奔命ニ疲レテ将サニ仆レントス。此レ耶蘇教ハ社会主義ニシテ旧仏教ハ独個主義ナルガ故也[45]。

このように中西は、キリスト教に対抗するために仏教各宗派の結束の必要性を強調するのであるが、それならば各宗派間の教義解釈の相違は、いかにして乗り越えることができるというのであろうか。これに関して中西は、第六において抽象的な「教理」にのみに偏った旧仏教の方向修正を主張している。教理の重要性を認めつつも、現実的な「歴史」状況を注視すべき局面を迎えているというのである。そして、「教理ト歴史トヲシテ並行セシメザル可ラズ」と述べる。確かに瑣末な教義解釈の違いに拘泥して対立する姿勢には問題はあろう。ところが中西は、比較宗教学の知識を援用してキリスト教に対する仏教の思想的優位性を説明することはあっても、決して各宗派に共通するような仏教信仰のあり方を明らかにしようとはしない。むしろ宗派間の教義解釈の相違を棚上げにした上で、キリスト教へ対抗する必要性が強調され、仏教全体の結束が提唱されるのである。しかし、それは、キ

リスト教に対する危機意識が後退するとき、一挙に結束の根拠を失う可能性を有するものでもあった。

ともあれ、①在家信者との連帯強化、②実用・慈善的事業の実施、③仏教各宗派の結束という方向性は、法住教社によって先見的に示されていたものであり、キリスト教の脅威が高まるなかで、中西は改めてこれを整理して『宗教改革論』にまとめたということができよう。そして、その主張は熊本有志団結成の理論的支柱ともなっていたと考えられる。

九州仏教団の結成

中西牛郎が『宗教改革論』で示した方向性は、単に熊本有志団の理論的支柱となっただけではなかった。この書を読んだ明如法主は、中西を西本願寺に呼び寄せ、資金を与えてアメリカ宗教事情の視察を行わせた。中西は1889（明治22）年6月にアメリカに出発し、翌90年1月に帰国している。さらに同年10月からは、西本願寺の設立した文学寮の教頭兼教授に就任し、教団の次代を担う人物の養成に関わることとなった[46]。

こうして熊本有志団の活動理念は教団当局からも支持を受けたことにより、その結束は九州地方全域に拡大され、翌年には九州仏教団の結成へと発展していったようである。1890年3月発行の『伝道会雑誌』には、九州仏教団のことを次のように記している。

> ●九州仏教団　一矢折るべき十矢折る可らず団体の起るは実に已むを得ざる也、吾人は近来仏教社会の勢力の微弱なることは常に四分五裂の勢ありて一致団結する気力も無ければ又精神も無き故、自然に陸沈することを信ず是時に当て団体の組織は尤も必要なることなれども言ふものありて行ふものあらず行ふものありて永且つ大なることを為さゞりし彼の九州仏教団の如き

は実に能く見る時を見て為す事を為す吾人元より団体を賛助す
然れども其団体の的標とする処は鞏固既に定まる歟将た漠然た
る歟知る可らされとも団体能く其物をして百足蟲の動か如く自
由自在に運動せしむれば今後九州仏教に及ほす影響も亦大なら
ん今広告文を得たれば左に掲ぐ

本年は維新第二の革命期にして、前途吾教門消長の気運に到達
せり、今や九州仏教団体の必要を感し、九州各県有志の緇素に
就き与論を喚発せしに、到処同感を表せられたり、依て来三月
廿七日長崎に於て九州仏教徒の大会議を開設し、其組織方法を
決議せんと欲す故に、苟も心を仏教に傾くるの諸士は、該会の
前日迄に著港し同港観善寺へ名刺を通し置かれ度し47)

　九州仏教団結成のための会議は長崎今籠町大光寺で開催され70余名が参集した。参加者の大半は真宗三派の僧侶であったが、他宗の僧侶や有志者も出席したようである。熊本の藤岡法真が議長に福岡の秦法励が副議長となり協議した結果、本部を熊本に置くこと、役員を総理1名・幹事長1名・幹事16名・司計3名・書記無定員とすること、団友を正友と特別友の2種とすることなどを決し、創設委員3名（熊本から1名、他県から2名）の選出を決議した48)。

　同年6月8日には熊本市順正寺で九州仏教団開会式が挙行され、雨天にも関わらず鹿児島・宮崎・長崎・福岡等の九州各県から集まった団員総代と有志者で境内はあふれかえったという。勤行、創立委員である占部玄順、合志諦成、井上盡済の挨拶の後、出席者の演説、余興があり、夜の懇親会に出席した者は124名であった。翌日は将来の事業等を協議し、143名が出席した49)。翌7月の『明教新誌』は、団への加入者は僧俗2万人にも達し、9月から大仏教学校の設立と機関新聞発行の事業に着手する予定であると報じている50)。

『國教』の創刊

　前述の『明教新誌』の九州仏教団に関する報道があった1890（明治23）年9月には、雑誌『國教』が創刊されている。この雑誌は熊本市の國教雑誌社の発行となっているが、その事実上の編集・発行責任者は八淵蟠龍であり[51]、九州仏教団の機関誌としての性格を有していたものと考えられる。創刊号では、雑誌発行の趣意を「宗派に偏せず、教会に党せず、宗教界に独立して、仏教の真理を開闡し以て仏徒の積弊を洗滌し、之が改良を図る。」と述べ、通仏教的立場から仏教の改革を目指す八淵の持論が明確に示されていた。巻頭には、熊本酬恩社の社長藤岡法真も祝詞を寄せており、藤岡のほか、井上円了・堀内静宇・大内青巒・南條文雄・中西牛郎・藤島了穏・平井金三など仏教界を代表する人物が特別寄稿家として名を連ねている。

　また『國教』の創刊号には、中西牛郎の「九州仏教団に就て」という論説も掲載されている。そこで中西は、九州仏教団の活動を単に一地方に限定したものに止まらせるべきではなく、世界の仏教徒と連携を図るべきであるとして次のように述べている。

　　今日に方りて我か仏教の拡張を図るものは此世界に蔓衍するの仏教徒を合して一大家族となし其精神の気脈を通し感情の帰趨を一にし黒色白布の印度人辮髪満神の支那人長槍大馬の蒙古人赤髪碧眼の泰西人漆髪黒眸の日本人一堂の上に手を握り或は此馬拉亞の絶頂に立て演説し或は砂漠の間を遊説し或は巴里。倫敦の如き世界文化の大都に於て万国仏教の一大会議を開きて以て仏教将来の長計大策を議す可し

　しかし、日本の現状を顧みれば、こうした活動を展開することのできる仏教団体は存在しておらず、中西は、仏教界の実情を次のように

指摘する。

> 今日仏教の教会を論すれは我か仏教々会なるものは無形にして精神の交通に乏しく同市同町同村に居住するの仏徒すら互に其信仰を楽み其思想を通し進んて其教を拡張するの精神なく有形にして新聞、学校、教会、倶楽部等仏教信徒が由りて以て運動し由りて以て其作用を顕はすの機関なく之を極論すれは今日の仏徒なるものは本山と云ひ末寺と云ひ儀式と云ふが如き只外力の束縛によりて其形状を集合するの個々分子にして恰も瓦礫を集め沙石を積み立てたるが如くして精神の一致共同の目的機関の作用ある有機的の教会にあらす

そして中西は、主体的な意識を欠き封建的遺制のもとで存続する仏教団体の組織変革を求めつつ、九州仏教団への期待を次のように表明している。

> 僧侶諸氏か先つ九州仏教団を作為し真正の教会を組織し内は我邦綱紀の廃弛を振ふて以て三千年間東海に卓立するの日本帝国の基礎を建て外は以て全世界の仏教信徒を連絡し一進して仏教革命の鴻業を顕はし再進して世界邪見の敵を挫き三進して仏陀の大慈大悲を一切衆生に光被せしめは九州仏教団の功も亦大ならすや。

本山側の対応の変化

1890（明治23）年6月に開会式を挙行し、順調なスタートを切ったかに見えた九州仏教団であったが、その前途には早くも暗雲が立ち込めていた。本山当局が、独自の活動を展開する九州真宗の動きに警戒心を示しはじめたのである。

同年5月、西本願寺本山は、同じく九州の大分県西国東郡真玉町光徳寺の住職曜日蒼龍が計画したハワイ開教の支援中止を教団内に通達した。曜日は、1889年3月にハワイに渡って10月までの約7か月間、現地で日本人出稼ぎ者の布教活動に従事していた。曜日の渡布に際しては、明如法主や教団有力者が送別会を開くなど曜日を激励しており、曜日が一時帰国した後の同年11月15日、執行長大洲鐵然は、訓告を出して曜日のハワイ開教実施のための募金活動の支援を表明していた[52]。

ところが、この訓告の半年後の1890年5月12日、突如として本山当局は訓告の取消しを通達するに至った[53]。この間の事情を仏教新聞『明教新誌』は、次のように報じている。

> ●布哇国仏教伝道院に就ての訓令取消　真宗本派の曜日蒼龍等が布哇国ホノル、府に仏教伝道院を設立するの企立ありて本山にても之を賛成し尚ほ門徒一同へも幾分の資財を投じ此美挙を賛成すへしと去る廿二年十一月十五日附を以て門末一般へ訓示せられしが詮議の次第ありて之を取消す旨去月十二日附を以て訓示せられたり如何なる詮議の次第なるや記者之を知るに由なけれども曜日蒼龍氏等は本山の費用に由らず自ら奮つて渡航せられし程なれば本山及び門徒の賛成奨励は取消る、も自身には仏教伝道院設立には尽力せらる、事なるべし如何となれば渡航人の漸やく増加する勢ひあればなり[54]

西本願寺本山側としては、教団の枠を超えた独自の活動が九州で起こり、さらに海外開教まで企図したことに警戒心を抱き始めたと考えられる。

九州仏教団の解散

本山側の警戒と圧力が強まりつつあった状況下で、同年9月に九州仏教団が着手するはずであった仏教学校設立と機関新聞発行という事業も容易に進捗しなかったようである。同年11月発行の『國教』は、九州仏教団について次のように報じている。

> ○九州仏教団　九州仏教団は漸く其団体を結合したるまでにて未だ一事業だに着手せざりしが之より増々進んで同団の拡張を図る由にて目下上京中なる九州の会衆は数々此事につき熟議を遂げたる由なれども未だ何なる報道もなければ其決議の顛末を知ること能はざれども或人の報道する所によれば第一同団長を島地黙雷氏に依託し其基礎を鞏固にすること第二同団の倶楽部を熊本に新築すること第三同団の機関新聞を発行すること等なりし蓋し藤岡氏が東上の覚悟あるも或は島地師へ相談のためなるべしと云ふ[55]

　この記事では、九州仏教団がいまだ予定していた事業に着手できていないことと、その状況打開のために藤岡が島地黙雷のもとを訪ね、団長就任の要請を含めた相談をする用意のあることが報じられている。本山の有力者である島地を団長に担ぐことで、教団当局からの警戒を回避しようとする狙いがあったのではないかと推察されるが、『國教』誌がこの情報をある人からの報告として伝え、正確な情報をつかんでいない様子であることも注目される。このことは、いったんは歩み寄りを見せた八淵と藤岡との間に再び溝が生じたことをうかがわせるものがある。両者の関係は、前述の『國教』の同じ号に掲載された「上八淵藤岡両師書」という寄書にも次のように記されている。

> 八淵蟠龍師ト藤岡法真トハ共ニ熊本宗教社会ノ二大豪傑ニシテ八淵師ハ報住社ノ幹事ヲ務メ藤岡師ハ酬恩社幹事ノ任ヲ帯ビタ

リサレバ藤岡師ト八淵師トハ之ヲ私ノ関係ヨリ云フトキハ同郷ノ好ミナリ之ヲ職業上ヨリ云フトキハ同シク是レ真宗本願寺派ノ布教者ナリ共ニ志ヲ協セ力ヲ合シテ布教ノ任ニ当ルハ両師ノ宜シク履行スヘキ進路ナリ然ツニ今両師ノ間柄ヲ見レバ何トナク不折合ノ模様アルニモノヽ如シサアレ両師ノ間柄ハ右ノ如キナレトモ其統ブル所ノ社員ニ至リテハ実ニ甚シキ者ニテ互ニ仇敵ヲ以テ相見ユ苟モ力ヲ八淵師ニ尽ス者ヲ見レバ仮令其事業ノ如何ニ拘ハラス単ニ之ヲ妨礙シ単ニ之ヲ破壊セントセリ苟モ藤岡史ト事ヲ共ニスル者ヲ見レバ亦タ同輩ノ間柄ヲ以テ之ヲ遇セザルニ至ル蓋シ其不調子ハ何レガ原動的ニシテ何レガ被動的ナルヤハ吾輩之ヲ知ルニ由ナシト雖ドモ兎ニ角両社員ノ不調和ナルハ掩フ可ラサルノ事実ト云フ可シ56)

この寄書の筆者は「在大学林　直言生」を名乗り、両者が一致協力して仏教全体の興隆のために活動することを求めている。これらの点から、三業派と聞信派の歴史的対立が、本山との対応をめぐって再燃しつつあったことも推察される。

翌91年2月発行の『國教』の社説「九州の仏教」でも九州の仏教勢力の再結集が次のように呼びかけられている。

彼の同志社を創設したるものは新島氏にあらざるなり。熊本旧洋学校の学生輩なり。もし我邦基督教の社会より九州分子を抹殺すれば。其影響する所果して如何。然らば仏教亦た豈に然らざるを得んや。方今九州に於て。仏教勢力の最も嶄然頭角を顕はしたるものは。熊本に藤岡、八淵の両派あり。藤岡氏元と是れ慷慨激烈。法の為に一身を犠牲に供する精神を有し。之を輔佐するに合志諦成氏の着実温厚を以てし。その勢力は殆んど全県に洽し。（中略）筑前福岡には即ち古今の大徳七里恒順氏あ

りて。其道徳其学識殆んど。海内に匹儔を見ず。而して公明直亮なる秦法励氏之が輔佐となり全国の人心を収結して。其勢漸く四隣を動かす。此他筑後には済々たる諸学士あり。長崎。佐賀。大分。も亦人物に乏からず若し此等諸氏にして。相一致団結するあらば。仏教以て改革す可く。中原以て振動す可し。而して此等の諸氏。此等の教会。種々の事情によりて。一致統合する能はざるは。誠に九州仏教の為めに惜む可し独り九州仏教の為めに惜むのみならず。亦た当さに日本仏教のめに惜むべきにあらずや。乞ふ諸氏よ方今宗教の大勢に就ひて大に洞察し。速に一致団結の策を採られんこと切望の至りに堪へず57)

　さらに同年10月発行の『反省会雑誌』掲載の「我国宗教上に於ける九州の形勢を論ず」でも、九州の仏教勢力結集の必要性が強調されている58)。しかし、大隈外相の条約改正交渉の失敗もあって、1890年以降に欧化全盛の風潮が急速に後退し、キリスト教に対する教団側の危機意識が薄らぐなかで、こうした主張に同調する意見はかつてほどの高まりを見せなくなったようであり、九州仏教団も解散に追い込まれていったと考えられる。

4　九州仏教倶楽部と万国宗教会議
九州仏教倶楽部の結成
　九州仏教団の事業は、キリスト教への当面の脅威が去り本山が警戒心を強めるなかで、八淵派と藤岡派の分裂もあって頓挫することを余儀なくされていったが、その結束が完全に崩壊したわけではなかったようである。
　特に京都本山の文学寮には、中西牛郎が教頭として教鞭を執っていたこともあり、在京の九州出身者により、九州倶楽部という団体が1890（明治23）年12月に結成されている。主唱者は、中西牛郎、合

第三章　明治期九州真宗の一断面──通仏教的結束から世界的運動へ──

志諦成、相浦完良、井手三郎らであり、八淵の盟友である中西と藤岡に近い合志が協力していたことが注目される59)。雑誌『國教』は、「九州倶楽部何の為に起る、曰く九州人の親睦を企るにあり、曰く九州信徒の上京者に便益を与るにあり、曰く九州書生の徳義を進るにあり、曰く京都六条境内にある宿屋の弊風を匡正するにありと」60) と、その結成の意図を紹介している。京都市西本願寺門前の遍照寺で行われた発会式には、200名以上が参集し、大洲執行長、小田執行などの本山有力者も参列して、藤岡法真、赤松連城らが演説を行った61)。

発足当初の九州仏教倶楽部は、在京の九州出身者の親睦団体としての性格が強く、一方で九州には九州仏教団が存在し新たな事業展開を計画していた。しかし、その後に九州仏教団の事業の頓挫が明らかになると、九州仏教倶楽部がその事業を引き継ごうとする計画が浮上したようである。1892年11月、九州仏教倶楽部は秋季大会を開き、次の文面の主意書を九州各県三千余か寺と百余万の信徒に発送した。

> 方今我国仏教僧侶信徒及び有志者が為すべきの事業は至つて多く且つ広し然も同志の団結未だ鞏固ならず運動の中心未だ定らず主義拡張の機関未だ完備せざるがゆえに一致協同の事業を経営し以て仏教の勢力を発揚する能はず豈に憤慨に堪ゆべけんや生等同志の士茲に大に見る所あり明治二三年十二月を以て九州の有志を京都に会合し仮に倶楽部を同地に設け主義を発表し同志を募る今や我仏教倶楽部が我国宗教淵源の地なる京都に在て能く其位置の宜しきを得たるに由ると雖ども畢竟東洋の大勢は滔々として我輩を駆り此必要を感ぜしむるものにあるに基かずんばあらず於是更に進んで四方有志諸君の賛助を仰ぎ九州三千有余の寺院一百万余の信徒及び其他の同志に謀り今秋を期して本部の建築に着手し追て支部を東京及び九州各県に設け同志の気脈を通し協心戮力遂に学校、病院、新聞、育児院等を設立し

且つ海外布教の路を開き王法為本の大主意を奉戴し国利民福の
　　進歩を計り益々国家と仏教と密接の関係ある事を天下に明示せ
　　んことを庶幾す
　　敢て請ふ我同感の有志諸君生等の計画を賛助し生等の素志を貫
　　徹せしめ玉わらんことを謹で白す 62)

　この主意書は、宗派を問わず九州各県の寺院と仏教信者に送付され
たようであり、学校、病院、新聞、育児院等の幅広い事業を展開する
ことが企図されている。その背景には、同年7月に文学寮を解職とな
った中西牛郎の意向が働いていたと推察される 63)。中西は、この主
意書が発布された前月に『仏教大難論』を著し、仏教勢力の結集の必
要性を次のように述べていた。

　　然らば吾人は。仏教を拡張するの問題よりして。之を論せんと
　　す。抑も仏教各宗の一致を図りて。共同的の大経綸を立て。共
　　同的の大事業を建るものは。是れ蓋し仏教自然の気運にして。
　　此の如くにあらされは。以て仏教を拡張するに足らす。今や仏
　　教全体の勢力は甚た偉大なり。然れども。之れを十二宗に分つ
　　ときは薄弱なり。之れを三十派に分つときは。亦更に薄弱な
　　り。然らは若し三十派共同して十二宗となり。十二宗更に共同
　　して一体となるときは。何を為してか成らざらん。何を図りて
　　か達せざらん。仏教大学を以て立つ可く。仏教銀行以て設くへ
　　く。仏教鉄道以て起すへく。仏教殖民以て企つへし。然るに自
　　然の気運と時勢の必要とは。仏教各宗を駆りて早く既に之れを
　　促したるにも係らす。今日に至る迄。共同的の大経綸未だ立た
　　ず 64)。

熊本における政界の動向

九州仏教倶楽部の主意書と『仏教大難論』との主張は、多彩な事業を通じて国民的統合を図り、国家の繁栄に貢献すべきことを強調している点で共通している。直ちに九州の全仏教勢力を結集は実現しなかったようであるが、配布後、九州仏教倶楽部に対する反響は大きかったようであり、1892（明治25）年12月の『明教新誌』は次のように報じている。

> ●九州仏教倶楽部　九州出身の本派僧俗より成立ちたる九州仏教倶楽部は現今仮本部を京都堀川本願寺前へ置き支部を大坂土佐堀に設け一方には会員の加入を募り一面には今後の方針に関し種々計画しつ、あることなるが目下会員の加入日に増し加はり賛成者特別会員には細川護美子、西郷伯、品川子、中井弘、古荘嘉門、佐々友房、香川恕経、頭山満等あり緇門の有力者には藤岡法真、秦法勵、合志諦定、佐々木雲嶺、立花超道、大財芳達等其他鹿児島造士舘教職員等にして殊に熊本県下の財産家有力家の加入已に八百余名あり大分佐賀日向大隅筑前筑後の僧俗追々加入する者又少なからず之れ等会員中より篤志を以て寄附せし金円は已に二千円余に及び東京其他各地へ滞在せる九州出身の人々の内にも加名を申込み又は金円を寄附するものあり之に依て同倶楽部にては遠からず京都に一大本部を建設し九州の中央に支部を設立し大に教線を拡張する見込なりと云ふ[65]

このような九州仏教倶楽部への支持の高まりには、当時の熊本の宗教と政治の事情が大きく関わっていた。この年の1月には、熊本英学校の校長就任式で教員奥村禎次郎の行った演説が教育勅語に背反するとして、熊本県知事から解雇を命じられる事件が起った。同年2月の衆議院第2回臨時選挙では、民党撲滅を狙った品川内相による選挙大干渉が行われたが、奥村の解職事件はその政治的緊張が高まるなかで

起こったのであり、その背景には、熊本国権党と熊本自由党の政治的対立があったことがすでに指摘されている66)。

　熊本英学校は、1888年に熊本バンドを生んだ熊本英学校の再興を意図して設立されたとともに、徳富蘇峰の大江義塾の伝統も継承する私立学校であった。このため、熊本自由党との関係も密接で、「民権派の居城」とも目されていた。熊本国権党の機関紙『九州日日新聞』が、執拗に奥村の演説を批判し、松平正直知事が奥村の解職を要求したのも、熊本自由党とその居城である熊本英学校の弱体化を狙ったことは明確であった。

　以後も松平知事は、熊本国権党の強力な支援を背景として、学校教育からキリスト教徒追放の施策を本格化させ67)、同年11月には、井上哲次郎がキリスト教は教育勅語の趣旨に反するという談話を発表して、いわゆる「教育と宗教の衝突」第一次論争が始まっている68)。こうしたなか、熊本では、民権派の自由党とキリスト教、保守派の国権党と仏教という対立構図が明確になっていったものと推察される。前述の『明教新誌』の記事で、細川護美、西郷従道、中井弘など熊本・鹿児島出身の有力な保守系政治家が九州仏教倶楽部の賛成者特別会員に名を連ねているのも、こうした背景があったと考えられる。そして九州仏教倶楽部に対する政治的思惑による支持もあり、九州仏教界の結束は再び高揚したようである。

九州夏期講習会の開催

　熊本保守政界の支持を受けて九州仏教倶楽部の活動が活発化するなか、1893（明治26）年には、九州仏教倶楽部の主催による九州夏期講習会が開催された。仏教の夏期講習会は、前年の7月20日から8月2日まで、東京と京都の学生が協力して兵庫県須磨の現光寺で開催したのが最初とされる。この年1月には帝国大学、第一高等中学校、東京専門学校（早稲田大学の前身）、慶応義塾、法学院、哲学館の学生

等により東都諸学校仏教青年連合会（後の全日本仏教青年会）が結成され、同会が関西の第三高等中学校、大谷派大学寮、本願寺派大学林、文学寮、京都尋常中学校等に呼びかけて講習会が実現したのであった。この講習会の実施には、1889年以来キリスト教が夏期学校を開設してきたことへの対抗意識があったようである[69]。

こうした各宗派を超えた青年仏教者の結束に、九州仏教倶楽部は大きな影響を受けたようである。本願寺派の機関誌である『京都新報』が1893年7月に報じた記事によれば、九州夏期講習会は宗派の異同に関係なく参加を求める計画であり、講師に今立吐酔、堀田龍道、東陽圓成、大友達行、禿安慧、武田篤初、中西牛郎、松山松太郎、弘中唯見、一二三盡演の名前が挙がっている[70]。

また同年8月刊行の『國教』に掲載された広告では、その趣旨を「我九州の空気は腐敗したり腐敗したるものは以て之を一新せざるべからず知らず果して誰の任ぞや方さに今仏教者は九州同感の士と共に将に夏期講習の大会を開かんとす」と記している[71]。こうした変革を強く求める表現の記事は、本願寺派の機関紙『京都新報』に見ることはできないが、『國教』の同じ号掲載の社説「九州仏教徒の夏期講習会」では、冒頭に九州仏教倶楽部の存在意義を次のように位置づけている。

 日本仏教の中心たる西京の閑天地に於て。将来真個に旧仏教改革の先鋒となり。将来真個に新仏教理想の烈火となり。将来真個に全国仏教運動の盟主たる可き。最大の命運を占むるの一団体あり。是れ他にあらず。九州仏教倶楽部則ち是也。

さらに、「九州耶蘇教徒の跋扈に憤慨し、涙に咽んで九州仏教徒の分離可入裂を慷慨し」といい、キリスト教に対抗するためにも九州仏教徒の結束の必要性を強調する。そして、夏期講習会を機縁として九

州仏教勢力の結集が促され、全国の仏教徒の大団結に結実していくことへの期待が表明されている[72]。

『國教』の論調には、中西牛郎や八淵蟠龍の考えが強く反映されていたと考えられ、九州仏教倶楽部全体の意見を代弁するものではなかったのかもしれない。しかし、この夏期講習会を通じて、九州の仏教勢力の結束は確実に進展したようである。同年8月1日に熊本市順正寺で開催された九州仏教夏期講習会発会式では、藤岡法真も登壇し演説しており、この日に参集した者は400名を超えている[73]。

八淵蟠龍の万国宗教会議参加

九州仏教夏期講習会の開催と並んで、この時期に熊本を中心とする九州真宗の僧俗が行った事業に、アメリカで開催された万国宗教会議に対する八淵蟠龍の派遣があった。万国宗教会議は、1893（明治26）年9月にコロンブスのアメリカ到着400年を記念して挙行されたシカゴで万国博覧会の一環として開かれた世界会議の一つであり、日本仏教界からは、蘆津實全（天台宗）、釋宗演（臨済宗）、土宜法龍（真言宗）、八淵蟠龍（浄土真宗本願寺派）の4名の僧侶が参加した[74]。

万国宗教会議開催のための準備は、1891年6月にシカゴの大会委員から全世界の宗教家に開催の挨拶状が送付されてスタートし、翌年92年に入ると日本の宗教系新聞雑誌でも万国宗教会議開催の記事が掲載されるようになった[75]。当初は、島地黙雷や南條文雄の参加が有力と見られ、赤松連城、藤島了穏、井上圓了、徳永（清沢）満之らも候補に挙げられていた[76]。特に島地黙雷の場合は、大会の参加とその後にフランス開教を行う計画を1892年10月開催の西本願寺集会に提出し可決されていたが、結局のところ本山執行部の反対により計画が実施に移されることはなかった。各宗協会も日本仏教界として代表者を送ることを1892年7月と翌年6月の2度に亘って検討したが、取り止めを決定している。その最大の理由は、渡米のために莫大な経

費を必要としたことに加えて、万国宗教会議をキリスト教の宗教的優位性をアピールするためのものとみる反対意見が一部で根強くあったためであった77)。

宗派単位での万国宗教会議への派遣が次々と見送られるなか、1893年1月以降、蘆津實全、釋宗演、土宜法龍の3名が相次いで個人としての会議参加を表明した。3名はそれぞれの宗派の有力者であったが、それでも渡米資金の工面には窮したようであり、仏教系新聞『明教新誌』等に費用の募金を求める広告を掲載している78)。このように、天台宗、臨済宗、真言宗の僧侶の会議への参加が決定するなか、西本願寺では、同年1月に島地黙雷の不参加が決定的となり79)、島地は3月31日、大洲に代わって執行長に就任することとなった。

一方、雑誌『國教』では、万国宗教会議に日本仏教界から代表者の派遣を求める主張を展開していた。すでに創刊号に掲載の中西牛郎の論説「九州仏教団に就て」でも、将来的に万国仏教会議を開いて仏教を世界に広めていくことが主張されていた。万国宗教会議の計画が明らかになって以降でも、19号掲載の寄書で「勿論日本仏教徒ノ代表者ヲ派遣スベキナリ。派遣セシメテ如何スル乎。勿論日本仏教ノ位地及ビ現勢ヨリ。深遠高尚ナル真理ヲ縦横宣教スベキナリ。」と述べられていた80)。

八淵蟠龍がどの時点で万国宗教大会への参加を決めたのかは明らかでないが、1893年4月には「八淵蟠龍師を万国宗教大会に派遣するに就て九州仏教徒に訴ふ」と題する檄文が九州全域に配布されたようである。この檄文では、万国宗教会議を「世界的仏教運動の一大好機会」ととらえ、「千有余年太平洋中の蓬莱仙境に蟄居したる。我が日本仏教生徒が奮起勇進して此大会を利用し。以て其特有なる高尚深遠の大乗仏教を。天下万人の想鏡に映ぜしむ可き。」とし、有志の賛同を求めている。檄文を送付したのは、万国宗教大会代表者派遣発起員であったが、そのメンバーの大半は法住教社の創設に関わった者であ

った81)。当初、熊本の地方新聞に義捐金の広告を出したが、5月末の時点ですでに1万人を超える寄附申込みがあった。そこで6月発行の『國教』は緊急広告を掲載し、「新聞紙上の広告にては莫大の費用相懸り双方神聖の感情を害ふの恐有之候断然新聞紙上の広告を廃止し國教雑誌の号外を以て広告可仕候」と報告している。わずか1箇月ほどで予想外の反応があり、目標の金額に達することが明らかになったための措置であろうと考えられる82)。釋宗演らが費用の工面に苦心し通仏教系全国紙『明教新誌』等に広く募金を求めたと比べると、八淵蟠龍の派遣には、九州仏教徒の強い支持があり短期間に費用が集まったようである。

その後、寄附事業の取り扱いも國教雑誌社に置かれた九州仏教同盟会本部が担当したようであり、同年6月に八淵は熊本を出発し、京都・東京での準備を経て万国宗教会議に出席した83)。帰国後、八淵は九州仏教倶楽部の依頼に応じ、知恩院で万国宗教会議の報告を行っている。八淵は、この席でも、会議への参加が九州仏教同盟会と有志の賛助によるものであったと述べているが84)、有志のなかに九州仏教倶楽部の会員が多数含まれていたことは想像に難くない。

おわりに

1890年前後の九州仏教界は、本山の圧力や政治的動向の影響を受けて紆余曲折を経たが、1893(明治26)年に至り、夏期講習会開催と八淵の万国宗教会議派遣を契機として結束に向けて大きく動き出した。しかし、「教育と宗教の衝突論争」によりキリスト教の教勢が退潮に向かい、翌年に日清戦争が勃発すると、その活動は急速に衰退していったようである。全仏教徒で結束してキリスト教に対抗し、国家繁栄に貢献する事業を推進するという九州仏教倶楽部の路線は、宗派単位での戦争協力体制が推進され、キリスト教も国家への協調路線を鮮明にしていくなかで、目新しさを失っていったと考えられる。

また日清戦争前の仏教は、キリスト教批判を展開することで国家主義・国粋主義者の支持を取り付けることができたが、戦後は最早このような国家への迎合的な姿勢だけでは体制的宗教の地位を確保しなくなっていった。積極的に天皇制支配に貢献し得る実質が求められ、その要求に対応しえない既成教団には容赦ない批判が加えられるようになったのである[85]。こうした状況下で、仏教徒による社会的事業の主流も、通仏教的な地域での結束よりも宗派主導の組織的活動へと移行していった。

　日清戦争後も九州仏教倶楽部は存続し、九州における軍事・外交の拠点である門司港に真宗説教所を建設するなどの事業を行った[86]。しかし、九州仏教倶楽部が当初予定していたような多様な事業を実施することは不可能になっていったようである。仏教信仰の内実よりも時流への対応を起点とした活動が、時代の変化のなかで方向転換を余儀なくされていったのは当然のことであった。

　九州仏教徒の結束を訴えてきた指導者たちにも変化が見られた。1892年7月に文学寮を追われた中西牛郎は、西本願寺教団内での活動基盤を失い、ユニテリアンを経て天理教へと移り仏教界から遠ざかっていった[87]。八淵蟠龍は、万国宗教会議に参加した経験から海外開教の必要性を痛感し、本山当局に度々建言したが受け入れられず[88]、1902年に衆議院選挙に出馬するため還俗して教団から身を引いた。こうして、彼らの活動は大きな成果を残すことなく、終息していったのである。

〔註〕

1）中西直樹「近代西本願寺教団における在家信者の系譜―弘教講、顕道学校、そして小川宗」（福嶋寛隆編『日本思想史における国家と宗教』上巻、永田文昌堂、1999年）。
2）中西直樹「明治前期西本願寺の教団改革動向」（京都女子大学宗教・文化研究所『研究紀要』第18・19号、2005年3月・2006年3月）。
3）中西直樹著『日本近代の仏教女子教育』（法藏館、2000年）及び中西直樹「教育勅語成立直前の徳育論争と仏教徒『貧児教育』」（『龍谷史壇』第105号、1996年1月）。
4）中西直樹著『仏教と医療・福祉の近代史』（法藏館、2004年）。
5）海外宣教会に関しては、本書第一章を参照されたい。
6）7）星野元貞編『肥後国諸記』（本願寺史料集成）「解説」（同朋舎出版、1986年）。また幕末以来の熊本は、実学党・勤王党・学校党が学問的・思想的対立をめぐって抗争し、仏教界もこれの影響を受けたものと考えられる（花立三郎「明治一〇年代熊本における政治と宗教」『季刊日本思想史』第7号、1978年）。
8）前掲『肥後国諸記』94〜97頁。
9）前掲『肥後国諸記』94〜97頁。
10）前掲『肥後国諸記』375〜379頁。
11）1879年4月20日付『明教新誌』。
12）佐々木憲徳著『八淵蟠龍伝―明治教界の大伝道者―』（百華苑、1968年）。
13）磨墨功洞編『法住教団百年史―能化の水は涸れず―』（法住教団、1999年）。
14）前掲『八淵蟠龍伝―明治教界の大伝道者―』106頁。
15）前掲『八淵蟠龍伝―明治教界の大伝道者―』25〜26頁。
16）日野賢隆「酬恩社とその周辺―明治仏教の一側面として―（日野賢隆編『近代真宗史の研究』所収、永田文昌堂、1987年）。
17）小野島行薫が熊谷県に赴いた事情については、その自伝『對楊閑話』（小野島元雄編・刊、1929年）に詳しい。また近年の研究としては、韮塚一三郎著『関東を拓く二人の賢者―楫取素彦

18）前掲『對榻閑話』73~81頁。
19）前掲『對榻閑話』及び「酬恩社記事　本社沿革略記」（1880年3月8日付『明教新誌』）。また『對榻閑話』は1878年10月に「酬恩社規則」を制定したとしており、同社の一連の規則等は、1879年1月26日から同年2月2日付の『明教新誌』に掲載されている。
20）前掲『對榻閑話』76~77頁。
21）前掲『對榻閑話』79頁。
22）1879年9月24日付『明教新誌』。
23）1876年6月1日付『明教新誌』。
24）1877年4月10・12・16日付『明教新誌』。
25）1876年6月1日、同年7月25日、1880年6月6日付『明教新誌』など。
26）島地黙雷は、1857（安政4）年20歳のときに熊本の原口針水の累世蠹に入り、そこで約4年間就学している（二葉憲香・福嶋寛隆編『島地黙雷全集』第5巻、本願寺出版協会、1973年）。また小野島行薫も明治初年に中津に遊学している（前掲『對榻閑話』）。
27）前掲『對榻閑話』76頁。また、日野賢隆編の『南関町資料集成宗教編・付小代焼』（仏教資料研究会、1981年）掲載の資料からは、熊本酬恩社が各地に分局を置いて社員獲得のために活発に活動していた様子がうかがえる。
28）1879年1月26日付『明教新誌』。
29）前掲『南関町資料集成宗教編・付小代焼』142~144頁。
30）この名簿は、1880年から翌年にかけてのものであり、前掲『南関町資料集成宗教編・付小代焼』173~189頁に掲載されている。
31）八淵蟠龍『佛教護国方案』2~3頁（1894年）。
32）前掲『佛教護国方案』29頁
33）前掲『南関町資料集成宗教編・付小代焼』153~157頁。
34）前掲『法住教団百年史―能化の水は涸れず―』7~8頁。さらに

1884年の改定社則では「本会ハ僧俗共同社トシ、緇素ヲ撰バス護法ノ志アル者ニ限リ加入ヲ許ス」と規定されている。

35) 前掲『南関町資料集成宗教編・付小代焼』154〜155頁。また実際の事業については、日野賢隆も前掲論文のなかで論及している。
36) 前掲『八淵蟠龍伝―明治教界の大伝道者―』27頁。
37) 前掲『法住教団百年史―能化の水は涸れず―』7〜8頁。
38) 前掲「近代西本願寺教団における在家信者の系譜―弘教講、顕道学校、そして小川宗」。
39) 前掲『對榻閑話』79頁。
40) 前掲『南関町資料集成宗教編・付小代焼』、及び前掲日野賢隆論文。
41) 前掲日野賢隆論文。
42) 前掲『法住教団百年史―能化の水は涸れず―』9〜10頁。
43) 『伝道会雑誌』第9号、1889年2月。
44) 中西牛郎著『宗教革命論』(博文堂書店、1889年)。また筆者は、この書と中西牛郎のことをかつて「日本ユニテリアン協会の試みと挫折―宗教的寛容と雑居性との狭間のなかで―」(『龍谷史壇』第114号、2000年3月)で取り上げたことがある。
45) 前掲『宗教革命論』185頁。
46) この間の事情は、前掲「日本ユニテリアン協会の試みと挫折―宗教的寛容と雑居性との狭間のなかで―」に詳しい。
47) 『伝道会雑誌』第22号、1890年3月。
48) 1890年4月14日付『明教新誌』、『反省会雑誌』第5年第4号、1890年4月10日。
49) 1890年6月22日付『明教新誌』。
50) 1890年7月24日付『明教新誌』。
51) 前掲『八淵蟠龍伝―明治教界の大伝道者―』35頁。なお『國教』は、東京大学の明治新聞雑誌文庫や国立国会図書館に所蔵されているが、欠本が多い。佐々木憲徳が『八淵蟠龍伝―明治教界の大伝道者―』を執筆する時点では、これらの機関が所蔵

していない号も手元にあったようだが、現在は所在が不明である。

52) この間の事情は、本書第一章に詳しい。
53) 『本山達書』自明治二十年至明治二十二年。
54) 1890年6月16日付『明教新誌』。
55) 56)『國教』第3号、1890年11月。
57) 社説「九州の仏教」(『國教』第6号、1891年2月)。
58) 黙々居士「我国宗教上に於ける九州の形勢を論ず」(『反省会雑誌』第6年第10号、1891年10月)。
59) 1892年11月16日付『明教新誌』。
60) 『國教』第3号、1890年11月。
61) 1890年12月12日付『明教新誌』。
62) 1892年11月16日付『明教新誌』。
63) 前掲論文「日本ユニテリアン協会の試みと挫折―宗教的寛容と雑居性との狭間のなかで―」。
64) 中西牛郎『仏教大難論』188頁(博文堂、1892年)。
65) 1892年12月18日付『明教新誌』。
66) 上河一之「熊本における教育と宗教との衝突―奥村事件を中心にして―」(『近代熊本』第17号、1976年)。事件の経緯については、多くの新聞雑誌に報道されたようだが、通仏教系新聞『明教新誌』でも1892年2月4日付に「熊本県知事教員の解職を命ず」、同月20日付に「教員解雇事件」などの記事を散見する。
67) 前掲上河一之論文
68) 「教育と宗教」第一次論争については、久木幸男編『日本教育論争史録』第一巻(第一法規、1980年)を参照。
69) 「夏期学校」(1892年6月28日付『明教新誌』)。土屋詮教著『明治佛教史』122~123頁(三省堂、1939年)、『仏教大年鑑』293頁(仏教タイムス社、1969年)。
70) 「九州夏期講習会の開設に就て」(1893年7月11日付『京都新報』)。

71)『國教』第24号、1893年8月。

72) 森直樹「九州仏教徒の夏期講習会」(『國教』第24号、1893年8月)。

73)「九州仏教夏期講習会発会式」(1893年8月8日付『京都新報』)。『國教』第25号(1893年8月)によれば、参加者は250余名であり、過半は「俗人的仏教青年」であった。

74) 中西直樹「『仏教海外開教史資料集成』(北米編)解題」(『仏教海外開教史資料集成』第6巻、不二出版、2009年)。

75) 鈴木範久著『明治宗教思潮の研究―宗教学事始―』第三章第一節、万国宗教大会(東京大学出版会、1979年)

76) 1892年2月14日、同年6月22日付『明教新誌』。

77) この間の事情については、前掲「『仏教海外開教史資料集成』(北米編)解題」で論じた。

78) 1893年1月20日付『明教新誌』に「釋宗演禅師渡米費勧財主意書」が掲載され、同年4月14日以降の同紙に「釋宗演禅師渡米費勧財報告」で寄附者名簿が報告されている。蘆津實全も、同年2月8日には、「渡米主意書」を発表し(同年3月30日付『京都新報』)、同年4月24日付以降の『明教新誌』に「蘆津實全師渡米費義捐者芳名報告」が掲載されている。また同年8月8日付『明教新誌』には、「土宜僧正渡米義捐金に付広告」が掲載されている。

79)「シカゴ博覧会出席者の件」(1893年1月12日付『明教新誌』)。

80) 月輪正遵「万国宗教大会ニ就テ」(『國教』第19号、1893年1月)。なお、第9号から第17号まで『國教』を所蔵している機関がなく、万国宗教会議の開催が明らかになった1892年中の論説等を見ることができない。

81)「九州仏教の有志者世界的運動の檄文を発す」(『國教』第21号、1893年4月)。

82)「緊急広告」(『國教』第22号、1893年6月)。

83) 万国宗教会議に関する資料は多数存在するが、その概要については前掲「『仏教海外開教史資料集成』(北米編)解題」で論じ

た。
84) この報告会は、1894年1月7日に京都知恩院で開催された（1894年1月9日付『京都新報』）。また報告会の内容は、八淵蟠龍述・林伝治編『宗教大会報道』（興教書院、1894年）に掲載されている。
85) 中西直樹「日清戦争後宗教の動向─戦後世論と宗教家懇談会をめぐって─」（『佛教史研究』第34号、1998年4月）。
86) 「九州仏教倶楽部」（1895年8月7日付『京都新報』）、「九州仏教倶楽部員の奮発」（同年12月17日付『京都新報』）、「九州仏教倶楽部員の運動」（同年12月20日付『京都新報』）、「真宗説教所並九州仏教倶楽部本部設置」（1896年6月13日付『京都新報』）。
87) 中西牛郎の文学寮教頭解職に至る経緯については、「明治期仏教教団の在家者教育の一齣─1892年「文学寮改正事件」と中西牛郎─」（赤松徹眞編『日本仏教の受容と変容』永田文昌堂、2013年）で論じた。その後の中西の活動については、前掲「日本ユニテリアン協会の試みと挫折─宗教的寛容と雑居性との狭間のなかで─」を参照されたい。
88) 1894年1月22日付『明教新誌』には、八淵が明如に面談して海外開教の実施を陳情したことが記されている。また1897年発行の関次郎編『本願寺真論』（教海新思潮第一巻、興教書院）によれば、八淵は本山当局に台湾全島の布教総監への任用を求めたようである。

第四章

大拙とスウェーデンボルグ

――その歴史的背景――

吉　永　進　一

はじめに

　スウェーデンボルグ（1688-1772）はスウェーデンの神秘家である。霊界や天界についての記述を多く残し、新教会、あるいは新エルサレム教会という彼の教えによる宗派だけでなく、広く読者を得ている。一方、鈴木大拙は禅仏教の大家として知られている。しかし、意外なことに、大拙によるスウェーデンボルグ主義の著作は多い。大正時代に限れば、スウェーデンボルグ研究の第一人者であったとも言える。少なくとも単著に限っても、以下の5冊がある。

　1『天界と地獄』（有楽社、1910）
　2『スエデンボルグ』（丙午出版社、1913）
　3『新エルサレムとその教説』（丙午出版社、1914）
　4『神智と神愛』（丙午出版社、1914）
　5『神慮論』（丙午出版社、1915）

伝記をまとめた2を除けば、残りの4冊は翻訳である。いずれも英国スウェーデンボルグ協会の文書伝道の一環として、協会が翻訳出版費用を負担したものである。大拙自身も、日本での文書伝道を行うために、大正初期に短期間存在した、日本スウェーデンボルグ協会の一員であった。これら以外でも断片的な記述はいくつかあるが、比較的まとまったものは以下の2点である。

　6「スエデンボルグ」『世界聖典外纂』（世界文庫刊行会、1923）
　7「スエデンボルグ（その天界と他力観）」『中外日報』（1914年2月3日、5日、6日、7日、8日）、後に『随筆　禅』（大雄閣、1926）収録

　さらに英文では、1912年にロンドンで行ったスウェーデンボルグ協会でのスピーチが下記の本に収録されている。

8 Annual Report of the Swedenborg Society 1912（Swedenborg Society, 1912）

　以上、出版点数から言っても、大拙のスウェーデンボルグへの評価は否定しようもないのだが、それでは大拙はどのようにスウェーデンボルグを解釈して、どう評価したのか。本論文では、大拙独自のスウェーデンボルグ解釈が彼の禅経験解釈と連続するものであること、そしてその歴史的背景を論じたい。

1　懐疑と経験

　大拙は明治29年に「禅は神秘教なるか」という小文を書いている。さらに、渡米後にも類似のテーマで「「三昧」と云ふことについて」という文章を発表している。これらの文章からすれば、いわゆる神秘体験について大拙は必ずしも高い評価を与えているわけではないことが分かる。大拙がこの文章を発表した背景には、直接的には明治20年代の禅ブームがあるのだが、さらに広く見ると近代仏教史を動かした懐疑主義という問題があった。

　近代仏教史において、明治20年代は仏教改革論が盛んな時期であった。井上円了『仏教活論』『真理金針』、中西牛郎『宗教革命論』などに始まる制度や教義に関する知的、理論的な改善論が盛んに発表された。オルコットや古河老川の南北仏教連合論、鈴木大拙『新宗教論』、田中智学『宗門の維新』もここに入るであろう。そのラディカルなものは平井金三の総合宗教論であり、平井は仏教、キリスト教を問わずそれぞれの宗教の利点をとって優れた宗教を構築（あるいは利用）すべきという主張を早くから行っている。理想論から転じて、白川党の改革運動や明治30年前後の『仏教』誌における宗門批判などにつながった。

　明治20年代後半には、主体的で信仰の根本にかかわる問いかけも出されている。それらの中で最も有名な論文に、明治27年1月『仏

教』83号に古河老川の発表した「懐疑時代に入れり」がある。その論によれば、思想は独断時代、懐疑時代、批評時代の三段階を繰り返して進化している、キリスト教はすでに批評時代に入ったが、仏教は独断時代を終えて懐疑時代に入ったと古河はいう。特に彼の危惧していたものは、大乗非仏説である。古河は非仏説の一般信徒への脅威を指摘してはいるが、それでも懐疑から批評、新たな独断に進むであろうから、学問的考究を止めるべきではないという結論を下している。これは学知と信仰の対立、知識人における懐疑と信仰という近代的問題を明らかにしたという点で、確かにメルクマールであった。ただし、この記事が重要であったというのは、その洞察力だけでなく、古河を中心に明治30年代の新仏教運動につながる、若手の進歩的仏教者のネットワークが存在し、古河は世代の代弁者でもあったからである。

　古河とその周辺については、少し詳しく述べておきたい。古河は本名勇、1871（明治4）年に和歌山市の本願寺派専念寺に生まれる。明治19年普通教校に入学、翌年1月には反省会に参加、『反省会雑誌』では創刊号の巻頭論文と編集を担当するなど、その中心となっている。1889（明治22年2月）上京し、明治学院、国民英学校などで学び、1892（明治25）年に文科大学選科に入学し、同時に『仏教』誌の編集に当たる。やはり反省会出身の能海寛と下宿を同じくしていた時期もある。明治25年夏には普通教校出身者を中心に東京仏教青年会を主催している。会員には、梅原融、今村恵猛、菊池謙譲、西依一六、能海寛、土屋詮教、大久保格、甲斐方策、杉村広太郎も加わっている[1]。明治27年末には、古河、大久保、杉村らと仏教改革運動の団体、経緯会を発足させている。この会には後の新仏教運動の同人も多く参加しており、鈴木貞太郎も名簿に入っている[2]。明治28年に大学を卒業、同年の夏に杉村と前後して鎌倉円覚寺で参禅しているが、その際に喀血、以後関西に戻り、須磨などで療養しながら仏教雑誌に記事を執筆し、明治32年に亡くなっている。明治20年代後半、反省

会運動関係者の上京で東京の仏教青年運動が隆盛を迎えるが、その中心の一人が古河であった。

古河の周辺には、さらにユニテリアンにつながる人物が何人かいた。一人は仏教青年たちに大きな影響を与えた中西牛郎である。彼は1892（明治25）年文学寮を解職され、上京してユニテリアンに参加、ユニテリアンの学校、先進学院の教員を1895（明治28）年までつとめている。また、同じ和歌山中学校出身の杉村広太郎（縦横、楚人冠）は、1893（明治26）年から1896（明治29）年まで先進学院で学んでいる。杉村は普通教校出身者でもなかったが、古河を通じて仏教青年運動にかかわり、経緯会、明治32年発足の仏教清徒同志会（いわゆる新仏教運動）では中心会員となっている。さらに、反省会出身の理論家肌の論客、大久保格（昌南、あるいは芳村格道）も先進学院で学んだという。当時のユニテリアンは仏教者も会員に含め、かなりラディカルな宗教間融和を実践しており、中西以外にも佐治実然や野口善四郎、平井金三なども入会している。

明治20年代、ユニテリアンの合理性、道徳性は仏教者から評価され、明治30年代に入って、杉村などの新仏教運動の中心人物は、合理主義と自由討究の方向へ新仏教運動の舵をとっている。また、鈴木大拙も、合理主義者ポール・ケーラスの科学的宗教論に熱中していた時期もある。しかし、その一方で、合理主義への不満も出ていた。興味深いことに、その点が神智学への評価につながっていた。たとえば大久保格は「ユニテリアン教と神智学」『反省雑誌』第9年5号（1894年8月）で、ユニテリアンも神智学も超宗派的でリベラル、自由討究と高尚な道義をそなえているが、神智学の方が深いという評価を下している。翌年の論文「学理的仏教の将来」『仏教』100号（1895年3月）では、現在仏教は知的な要素が不足しており、科学哲学から寄せられる難問を解決する立脚点がない。学理的仏教の根拠を確定しなければならないが、「学術と、仏教とを連結する中間の橋梁」として神智学に

学ぶべきであると評価している。ここでは仏教は必ずしも合理的、学理的でないという前提に立つ。

　大久保よりも、明確な神秘主義待望論は、古河から出されている。それは大久保が「学理的仏教の将来」を発表したのと同じ月に『密厳教報』に発表された「西蔵仏教の探検」で、「懐疑時代に入れり」への回答ともいうべき内容を含んでいる。その中で古河は、チベット仏教を調査すべき理由を二つあげて、ひとつは経典の研究によって大乗仏説の確証が得られるという学知的な理由であり、第二には「神秘教」（ミスチシズム）の探求を挙げている。ここで古河は懐疑論の興隆と信仰喪失を指摘した上で、その危機に際して、ミスチシズムによって「神と己との一体なることを直接に感触する」ことで信仰を救うべきだという。このミスチシズムのひとつが欧米における神智学であり、それはブラヴァツキーがチベット仏教から学んだものであるとして、次のように述べている。

　「西洋も日本も今日の一大潮流は懐疑なり、批評なり、破壊なり、不安心なり、此際においてミスチシズム起らざらんと欲するも豈得んや、魯国の女丈夫マダム、ブラハトスキーが大に欧州に活動せしは、此ミスチシズムの起る兆なり」[3]

　日本仏教は智慧に優れて戒律、禅定に劣るので、禅定をチベット仏教に学ぶべきだと彼は主張する。ここでチベット仏教に触れたのは、チベット探検家でやはり仏教改革論者であった能海寛[4]の影響もうかがえるが、それ以上に大きい影響は、東大選科漢文科で一年先輩であった田岡嶺雲の神秘哲学論に負っている。

　田岡嶺雲は文芸評論家、ジャーナリスト、思想家として知られているが、一方ではショーペンハウアーに傾倒し、荘子、インド哲学、精神的物理学、催眠術、スピリチュアリズムなどの書を読み、明治20年代後半、文芸批評家として有名になり始めた時期、神秘思想に凝っていた[5]。文科大学生であった1893（明治26）年鎌倉の円覚寺に赴き、

今北洪川について一週間坐ったが何も得るものはなく、ショーペンハウアーを読んで閃いたという。禅も念仏もその根本は無我であることに気づき、大学でインドのヨガ論や催眠術について学ぶ。田岡にとっては、無我状態は絶対善で「一切円満、霊照自在の境界」であり、それが仏や神でもあり[6]、禅定も精神集中による無我状態に他ならない。

彼は古典的な神秘主義（ドイツ神秘主義、インドのヨガ哲学、新プラトン主義）に通じていただけでなく、同時代のヨーロッパの状況にも詳しく、1894（明治27）年に発表した「十九世紀西欧に於ける東洋思想」では、神智学やスウェーデンボルグ主義などについて触れ、神智学の流行に伴って菜食主義、火葬、催眠術の研究が盛んになったと述べている。また「神秘哲学（1）」では、神秘説が起ってきた理由は、懐疑的、機械論的、分析的な風潮への反抗であり、20世紀初頭は新たな神秘哲学が盛んになるとも予言している。1895（明治28）年9月に発表した「禅宗の流行を論じて今日の思想界の趨勢に及ぶ」は古河と同様、実験科学による懐疑の風潮がおびただしく、日本は「無信仰無宗教」の状態になっているが、信仰なくして人は生きていけない。禅によって「自己の外に神を求む可らず、自性の外に仏を求め可らず」ことを悟り、懐疑を捨てることができる。禅宗の流行は懐疑論的な唯物論への反抗であり、東洋的な神秘的思想に西欧的な哲学的推究を行うのは日本の役目であると予言している。

ここで、明治27年から30年にかけて、古河、田岡、大久保、さらに石堂恵猛らの発表した神秘主義関係論文と、大拙の主要な著作、論文を一覧表にしてみると以下のようになる[7]。

執筆者	題	掲載雑誌	年月
社説 (古河老川)	懐疑時代に入れり	『仏教』83号	明治27年1月
昌南 (大久保格)	ユニテリアン教と神智学	『反省雑誌』9年5号	明治27年8月
田岡佐代治	美と善	『宗教』34号	明治27年8月
田岡佐代治	美と善	『宗教』35号	明治27年9月
栩々生 (田岡嶺雲)	神秘哲学	『日本人』16号	明治27年10月
田岡嶺雲	十九世紀西欧に於ける東洋思想	『東亜説林』2号	明治27年12月
社説 (古河老川)	日清と仏耶との比較	『密厳教報』125号	明治27年12月12日
社説 (古河老川)	日清と仏耶との比較	『密厳教報』126号	明治27年12月25日
鈴木大拙	P・ケーラス『仏陀の福音』	佐藤茂信	明治28年1月
不知生 (田岡嶺雲)	神秘教の接神を論ず	『宗教』39号	明治28年1月
大久保昌南	学理的仏教の将来	『仏教』100号	明治28年3月
潜堂学人 (古河老川)	西蔵仏教の探検	『密厳教報』131号	明治28年3月
潜堂学人 (古河老川)	西蔵仏教の探検	『密厳教報』132号	明治28年3月
石堂恵猛	瑞典保里と弘法大師	『傳燈』98号	明治28年7月
石堂恵猛	瑞典保里と弘法大師	『傳燈』99号	明治28年8月
石堂恵猛	瑞典保里と弘法大師	『傳燈』100号	明治28年8月
元良勇次郎	参禅日記	『日本宗教』2号	明治28年8月
石堂恵猛	瑞典保里と弘法大師	『傳燈』101号	明治28年9月
石堂恵猛	瑞典保里と弘法大師	『傳燈』102号	明治28年8月
無署名 (田岡嶺雲)	禅宗の流行	『青年文』2巻2号	明治28年9月
田岡佐代治 (嶺雲)	元良氏の参禅日誌を読みて禅に関する我所懐を述ぶ	『六合雑誌』177号	明治28年9月
田岡嶺雲	禅宗の流行を論じて今日の思想界の趨勢に及ぶ	『日本人』6号	明治28年9月
石堂恵猛	瑞典保里と弘法大師	『傳燈』103号	明治28年10月
古河老川	ユニテリアン、新仏教及び禅	『禅宗』12号	明治28年12月
鈴木大拙	エマーソンの禅学論	『禅宗』14号	明治29年3月
鈴木大拙	禅は神秘教なるか	『禅宗』20号	明治29年10月
鈴木大拙	『新宗教論』	貝葉書院	明治29年12月
田岡嶺雲	神秘説管見(上)	『江湖文学』3号	明治30年1月
田岡嶺雲	神秘説管見(中)	『江湖文学』5号	明治30年4月
田岡嶺雲	神秘説管見(下)	『江湖文学』6号	明治30年5月
田岡嶺雲	神秘とは何ぞ	『反省会雑誌』12年3号	明治30年4月

以上のように並べてみると、大拙の「エマーソンの禅学論」「禅は神秘教なるか」は、明記してはいないが、田岡、古河の禅論を意識して書かれたように思われる。大拙は、禅定が懐疑主義を克服するという論には賛成であったはずである。禅定があることで日本仏教はセイロン仏教よりも優れているとは大拙の師匠、釋宗演の持論でもあった8)。

　ただし、禅を神秘経験と同一視することには異論があった。「禅は神秘教なるか」9) では禅も神秘主義も「共に宗旨を直下に会する所にあり」と認めた上で、キリスト教は神性と神性ならぬものの合一を説くこと、世界の外に神がいること、このように前提が二元論になっているのが禅と相容れないと述べている。さらにアメリカ滞在時に書いた「「三昧」と云ふことにつきて」10) では、禅でいう「三昧」はトランス状態ではなく、活動的な状態であり、自由自在、任運だと述べている。おそらく直接的にはアメリカでの禅解釈への反論もあったと思われるが、その批判の射程には、田岡の禅定論も含まれており、そこには神秘主義へのいささか冷ややかな視線も感じられる。しかし、それではスウェーデンボルグの神秘経験はどうして高く評価されたのかという問題は残る。

2　明治20年代のスウェーデンボルグ

　日本人でスウェーデンボルグ主義に触れた最初は、森有礼を含む幕末の薩摩藩留学生らである。ローレンス・オリファントの紹介で、スウェーデンボルグ系霊媒トマス・レイク・ハリスの主催するコミューン、新生社（New Life）に参加している。新生社に滞在していた日本人の中で、帰国後も宗教活動を続けたのは、1899年に帰国した新井奥邃だけである。最近になってその思想はようやく再評価されつつあるが、当時彼は隠者的生活をしていたので、そのスウェーデンボルグ思想は田中正造を含む数少ない人々にしか伝わらなかった11)。

一方、仏教者の間では、スウェーデンボルグの名前は、明治二〇年代から知られるようになった。

　これについては第二章で述べたように、カリフォルニア州サンタ・クルスでアメリカで最初の仏教雑誌 *Buddhist Ray*（1888-1894）を発行したフィランジ・ダーサ（Philangi Dasa）によるところが大きい。彼の主著である *Swedenborg the Buddhist* は夢物語に仮託してスウェーデンボルグや僧侶などが対話するという構成になっているが、その仏教知識は当時出版されていた英訳仏教書に神智学を加えたものである。これは明治26年、大原嘉吉の訳で、ダーサ自身による日本語版の序文と、当時有名であった仏教改革論者、中西牛郎の序をつけて『瑞派仏教学』という書名で翻訳されている [12]。

　明治20年代前半の仏教雑誌で、スウェーデンボルグの名前を題名につけた記事はいくつかあるが、ほとんどは *Buddhist Ray* からの訳出である。最も早いものは、『反省会雑誌』5号（1888年4月）に載った「スウィデンボリイ氏の立義」で、創刊号に載った "Dicta of Swedenborg" の翻訳である（*The Buddhist Ray*, no.1, Jan.1888, p.1）。その後、『反省会雑誌』には、9号（1888年8月）に「佛者スウイデンボリー」、19号（1889年6月）には「仏者としてのスイーデンボーグ氏」という文章が掲載されている。

　注目すべきは、臨済宗系の月刊誌『活論』3号に掲載された、「「スキーデンボールグ」の禅論」なる記事である。『活論』は、1889年のオルコット来日の招聘責任者であった平井金三が編集、発行した雑誌であり、3号で廃刊している。この記事の無記名（平井金三か訳者の荒木敏雄）の序に訳者（荒木敏雄）は、「スキーデンボールグは前世紀に在て欧州に有名なる宗教哲学者として顕われ専ら仏道を唱導したるの人なれば近時仏道の隆盛に赴くと共にスエーデンボールグの名屢々人々の口にする所となりたり」 [13] と書いており、すでにスウェーデンボルグは仏教者として日本で知られていることが分かる。原著

者はオスケアウィッチ14)（原綴りは不明）という名前になっているが、次に紹介する内容からして、ヴェッターリングの変名のひとつである可能性は高い。

　この記事は、新教会に属すキリスト教徒が、仏教徒と対話するという構成になっており、著者の代弁者となっている「仏教徒」が、新教会（スウェーデンボルグ主義セクトを指す）のスウェーデンボルグ解釈が誤っていて、真のスウェーデンボルグ主義は「仏教」と一致することを説いている。その説くところによれば、スウェーデンボルグは、チベットの仏教者の教えによって「禅定三昧」に入ったのであり、その方法は、感覚を遮断することであったという。スウェーデンボルグは「仏教風儀を模し又チベットの彼れの先師の風采を似せて吾仏教に所謂禅定三昧（正定とも寂静とも云）を行い自ら経験上より之を説て曰く人苟くも肉体の快楽即ち五官の歓楽より離れ去れば乃ち精神の光輝を発し得べし」と述べたという15)。田岡の神秘主義論と通底する内容になっているが、スウェーデンボルグの神秘経験が、自然発生的なものではなく、仏教由来の瞑想法によっていたという点は興味深い16)。

　このように、スウェーデンボルグ主義と仏教の一致を通じて、東洋と西洋の一致を積極的に主張した最初の記事ということになるが、平井も同様の諸宗教の一致を説く総合宗教論を持っていた（どちらが先後するのかは不明）。

　少し横道に入れば、平井は、1892年にアメリカへ渡り、1893年にはシカゴ宗教会議で不平等条約を批判する演説を行って喝采を集めている17)。その半年ほど前、*Arena*誌に"Religious Thought of Japan"と題する論文を発表している18)。彼はまず、日本人が偶像崇拝者（すなわち野蛮人）ではなく真理探究者であると強調する。神道の御幣をはらう儀礼も、心の汚れをとり真理と一致させる行に他ならない。神とは「カンガミ」つまり真理を考えることから来る。仏教においても、

仏性（Buddh）とは、真理、真理認識、そして真理認識の可能性を含む。しかし、信仰の対象は論理的には理解されず、不可知である。あるいは、不可知の実在（entity）へのアプリオリの信仰がすべての宗教に共通し、その実在についてのさまざまな真理が各宗教の体系である。したがって、それらの諸宗教を総合することによって、より完全な真理を得ることが出来る。日本には、仏教だけでなく神道も奨励した聖徳太子、仏教と神道を融和させた弘法大師、そして近世では心学を創始して、神、儒、仏を組み合わせた石田梅巌がいる。こうした総合主義（Syntheticism）が日本独自の知恵であり、それが日本主義（Japanism）である。間もなく万国宗教会議が開催される、そうなれば総合主義、日本主義が実現されるだろうという期待を述べて、記事を締めくくっている。このように、平井は、アメリカにおいて、総合主義という普遍主義を用いつつ、日本宗教を優位におくという戦略をとった。

　平井はスウェーデンボルグについて特に言及してはいないが[19]、彼の宗教論に影響されたと思われるスウェーデンボルグ論はある。それは、真言宗の機関誌『傳燈』の98号（1895年7月28日）から103号（同年10月23日）まで連載された、石堂恵猛の「瑞典保里と弘法大師」なる論考である。石堂は真言宗の僧侶で、ユニテリアンの先進学院に学び、後に『傳燈』[20]の主筆となり、最後は御室派の管長を勤めている。

　彼のスウェーデンボルグ理解は、基本的にはダーサのそれを引き継いだものである。スウェーデンボルグ思想の本質は仏教であり、アジアの霊性の産物なので、仏教に精通した者が読まなければ、宝の山に入って、なにも得ずに帰ってくるようなものである[21]という。その立場から、石堂は宇宙論、生仏不二論、霊魂段階論、人生論の四部に分けて両者を比較しているが、ここでは前二者のみについて触れておきたい。

宇宙論については、弘法大師は物心の二つは本来不生不滅にして増減がないとし、その点はスウェーデンボルグも同様である。ただし、後者では不可見的天帝の存在を言うが、この天帝とは人格的なものではなく、真理の言い換えであり、「合理的理想を隠伏せしめたるものなり」と石堂は言う。次にスウェーデンボルグにおける部分と全体の対応関係について説明される。部分は全体と同じ性能を有し、心臓は限りなく小さな心臓から構成されている。天地の万物はすべて天地の全体を包含する。スウェーデンボルグは「万物凡て汝の所有なるのみならず、万物即ち汝なり」と述べ、弘法大師は「一塵一法皆是法界体」と述べている。石堂は、前者のThe human body is strictly universalという英文を引いて、これは弘法大師の「即身義」と同一であるという。スウェーデンボルグは、老若男女すべての人間だけでなく、動物、植物すべてに神性が宿ると述べたが、これは仏教の如来蔵思想と同一であり、弘法大師の「有形有識必具仏性」という語に等しいと述べる。

　生仏不二論とは、この内的神性説の延長であり、救済論である。弘法大師の唱えた生仏不二論は、スウェーデンボルグの神人密着説に通じる。石堂はさらにエマーソンの報償論を引き、自他の区別をなくし、一視同仁に至ることで、他人の智徳を自らのものとなすことで凡人も聖人や仏の域に達することが可能である。しかし最初から凡人と仏は一ではなく、最初に差別相が厳としてある。これは良知良能という内的霊性を言う陽明学でも、スウェーデンボルグでも弘法大師でも、発心と信修という奮闘努力は必要である。

　とはいえ、その救済に至る指針は、外的な教会や制度に求めるべきではなく、心の内に求めるべきであると石堂は述べる。この点でも、弘法大師のいう「仏法非遥心中即近真如非外棄身何求」と、スウェーデンボルグのいう「世人は何ぞ外界に眼を注ぐことの甚しきや、何故に聖書の再説を為す乎…主は是れ内部に在らざる乎」「神聖的実在を

見んが為めに、人間自身の内心に求むることが、各人の上に印刻せられてあるなり」とは一致しているという22)。

　石堂における平井の影響は、比較論の根拠としての「真理」に関する議論に見られる。彼も平井と同様、「わけ登る麓の道は多けれど同じ高嶺の月を見るかな」の歌を引用して、「宇宙の真理は一なり、古今東西人は異なれども、同じ一輪の明月を眺むるが如く、究竟の真理は決して非一なる能はず。然れども其真理の源底に達するには、種々なる方法の在て存するなり。」23) と述べている。こうした思想にユニテリアンの影響を見ることもできようが、「月」を真理のメタファーとする点からしても、平井金三の総合宗教論の影響は色濃く感じられる。さらに、この真理に到達する方法として、エマーソンを引いて、直覚を重視する。その直覚は、スウェーデンボルグによればさらに表面的、裏面的の二つに分かれ、裏面的（霊性的）直覚は、そのまま弘法大師の唱えるところに通じ、そのような直覚は、ひとつぶの水滴に宇宙全体を知ることができるという24)。

　明治20年代、ダーサの仏教的スウェーデンボルグ主義は、仏教界にかなりの影響を及ぼしたことは事実である。ダーサの主張通りにスウェーデンボルグを仏教者とする者（後述の釋宗演）、あるいは石堂恵猛のように、スウェーデンボルグ思想を仏教とは別物としたうえで比較する者もいたが、いずれにせよ、スウェーデンボルグ思想は仏教とかなり近いものとみられていた。そして、その知名度からすれば、大拙がスウェーデンボルグに関心を抱くことは、明治20年代の仏教青年としては異例のことではなかった。

　また、スウェーデンボルグ論によって、禅定や直覚といった、理性や通常の感覚を越えた心理状態が注目されるようになった。しかもすでに述べたように、田岡嶺雲によって、宗教の根拠としての神秘経験論、それと表裏一体をなす脱文脈化された禅経験論もすでに提出されていた。大拙は石堂の論文についても、その内容の類似からすると、

読んでいた可能性もある。宗教的真理の普遍性の意味、東西の神秘思想の一致と対立、そしてスウェーデンボルグ思想など、大拙がその後も思索し続けるテーマは、明治20年代の他の若手知識人たちからもすでに提出されていたのである。

3　大拙とスウェーデンボルグ

大拙の前半生において、スウェーデンボルグとの接点は三回あったように思われる。

渡米前の大拙が、当時の仏教雑誌を介してスウェーデンボルグを知っていた可能性はある。少なくとも師匠の釋宗演が『瑞派仏教学』を知っていたことは確かである。明治28年2月24日付『四明餘霞』86号に掲載された鈴木大拙訳のポール・ケーラス『仏陀の福音』の部分訳に「仏陀之福音に題す」として寄せた文において、次のように書いている。

「泰西の学者にして、印度の梵本を翻訳し、漢伝の仏教を叙述したる者、其数十百にして足らずと雖も其吾朝に流布訳述せられたるものは僅々「マツキス、ミユーラー」氏の涅槃義、「オルコット」氏の仏教問答、「アーノルド」氏の亜細亜の光、「スエデンボルグ」氏の仏教学等なりとす。」[25]。

ミューラー、アーノルド、オルコットと並べられたということは、釋宗演は『瑞派仏教学』を知ってはいたものの、その仏教学なるものを額面通りに受け取っていたと思われる。

さらに、大拙は1896年の『禅宗』第14号（1896年3月）に「エマーソンの禅学論」なる短文を残している。彼は石堂の名前を出していないが、内容的には石堂の記事に近い。たとえば、次のように、月をメタファーとする歌を下敷きにして、「禅」による万教帰一論を展開している点は同じである。

「所謂る分け上るべき麓の途のさはなるがため、彼処に在るものは

彼処にて見たる月影を真となし、此処に在るものは此処にて眺めたる月影を真となすが如し。若しそれ途程を上り尽くして、更に上るべき所なきまでに至れるものは、固より迷悟の途程を離れたるが故に、彼此の差別を見ざるが故に、亦何の争う所あらんや。さらば儒教も至れる所は禅に入るべく、道教も基教も畢竟は禅に帰すべし」26)。

あるいは、次の引用に見るように、テキストよりも経験を重視する点など、石堂や田岡の説を連想させるものである。

エマソンについては「神を以て心外の実在となさず、人性的創造者となさず、且つ基督の教を解するに如字的意義を以てせず、従来の偶像教的基教を一変して直覚的、自識的宗教となしたり。彼は他の言語文字に依りて神を求むることをなさず、驀直に進んで千緒萬端の情念を斬り払いたるのに神凝り気完く、此心融然として無可有の郷に遊ばんことを説きたり」27)と述べている。

「禅」への万教帰一論、人格的創造神説の否定、テキストに依らない直観的な理解といった興味深い思想がすでに出ているが、実はそれらも石堂がすでに用いたところである。石堂と大拙の宗教論の類似は、エマソンへのスウェーデンボルグの影響というだけでなく、大拙が石堂の文章を読んでいた（さらにはダーサを読んでいた）可能性はある。ただし、石堂が「真理」と表現していたものを、大拙は「悟り」と表現しているのは興味深い。

とはいえ、これらは状況証拠に過ぎなく、確認できる限りでは、大拙がスウェーデンボルグに関心を持ったのは、渡米後のことになる。それは在米中に知り合ったA・J・エドマンズの影響であろう。1903年7月、オープンコート社に短期間勤務したエドマンズから、大拙はスウェーデンボルグを知らされたという。このことは、エドマンズ本人の日記によってもあるいは大拙自身の言葉によっても確かめられる28)。

アルバート・ジョゼフ・エドマンズ（Albert Joseph Edmunds）

(1857-1941) もすでに忘れ去られた存在であるが、フィランジ・ダーサと非常に類似点の多い「仏教家」である。1857年イギリスのクウェーカーの家に生まれ85年に渡米。クウェーカーの本拠地であるフィラデルフィアに移り、ペンシルヴァニア歴史協会の目録係になり、そこで一生を終える。仏教研究家で、仏教とキリスト教を比較した姉崎正治との共著もある[29] が、ペンシルヴァニア歴史協会の図書館司書として起伏のない一生を終えた。仏教研究の他には、原始キリスト教研究や詩集にも手を染めている[30]。クウェーカーであると同時に、スウェーデンボルグ主義者で菜食主義者でもあった。エドマンズとダーサの関係は不明だが、仏教とスウェーデンボルグ主義の組み合わせは決して例外的なものではなかったと言えよう[31]。

　三度目の接点となったのは、1909年、アメリカから日本へ帰国の途中、ロンドンに立ち寄った時のことである。そこでスウェーデンボルグ協会からの委嘱を受けて、日本での伝道のために『天界と地獄』の翻訳を行っている。この際、日本大使館が大拙をスウェーデンボルグ協会に紹介したという[32]。さらに1912年の夏にも再度、協会より招かれてロンドンを訪れ、他の三冊の翻訳に当たっている。その後は大拙も加わって日本スウェーデンボルグ協会が発足し[33]、出版に当たることになる。日本スウェーデンボルグ協会の活動は、大正4(1915)年に『神慮論』を出して本国の協会との契約分を出版したところで終了したようである。

　大拙が翻訳を開始した時には、「スウェーデンボルグ=仏教者」という誤解は消えていたが、仏教者がスウェーデンボルグを読んだり、論じたりすることもなくなっていた。彼がスウェーデンボルグ思想を伝えようとした相手は、明治20年代の平井や石堂のように宗門関係の僧侶や信徒でもなく、田岡のように若手知識人たちでもなく、より広い一般大衆であった。

4 大拙のスウェーデンボルグ論

　翻訳を除けば、大拙がスウェーデンボルグについて書いた文章は多くないが、基本的には高い評価を残している。1912年のスウェーデンボルグ協会年報に収められた、同協会における大拙による講演は、その遠慮なしの賛辞と肉声に近い表現は日本語文献には見られないものである。スピーチは、最初にその魅力、次に日本での普及、最後に日本の霊的な貧困とスウェーデンボルグへの期待という三部からなり、その間に日本の霊的文化についての分析、伝道についての議論が入るといった内容である。内容的には、その後のスウェーデンボルグ論の原型と言える34)。短いものなので、スピーチの全文を以下に翻訳しておく。

　続いて、東京の学習院教授、鈴木貞太郎大拙氏は、次のような演説を行った。
　「私の話は、スウェーデンボルグの『天界と地獄』についての全般的なものです。日本ではどのように読まれているか、またスウェーデンボルグの教義がどう受け入れられるか。いくつか関連する話題を交えてお話したいと思います。
　『天界と地獄』翻訳の際に経験した困難については、多くを語る必要はないでしょう。というのも、皆さんにはさほど興味のないことですし、また、現在『神慮論』翻訳で経験している難しさに比べると、『天界と地獄』翻訳の苦労はさほどのものでもないでしょう。しかしながら、個人的には、困難が大きければ大きいほど、最後にそれを克服した時の満足感は大きいように思われますし、同時に、スウェーデンボルグ哲学への洞察もさらに深まります。精神（マインド）と心情（ハート）における、その偉大さは、私にはますます痛感されるところです。彼の落ち着き、平穏さ、沈着さ、明瞭な知性といったものは非常に魅力的であり、私

第四章　大拙とスウェーデンボルグ——その歴史的背景——

の精神はほとんど意識しない内にその栄光へと引き寄せられてしまいます。彼特有の繰り返しの多い文体さえも、スウェーデンボルグには実に似つかわしいものです。白髪交じりの髪に髭を長く伸ばした穏和な表情の賢者が、子供達にむかって教えを説く姿をまことに彷彿とさせます。子供たちは、その長老の周りに集まり、未知の世界の驚異に驚きながら聞き入るわけです。当然、何も知らない聴衆が、天界からのメッセージを聞き逃さないよう、老賢者は繰り返し語らなければなりません。語るべきことは多く、聴衆には耳新しいことばかりなのです。スウェーデンボルグの文章には、著者の優しい心根が見て取れます。その著作においては、生の秘密に関する、透徹した知性と霊的な洞察が見て取れます。

　ちなみに私はここで自分の『天界と地獄』の日本語訳がいくぶん不完全であったと述べておきたいと思います。今ではその感をますます強くしております。人間の仕事に完成は無いように思われます。私は、仕事の間は全力を集注しますが、そうであるにしても、仕事が終わるたびに、もっとうまくできたのではないかと思います。私が最近、スウェーデンボルグの他の著作を研究して知り得た知見に立って、最初の『天界と地獄』の日本語訳を改訂できる機会が与えられればと思っております。

　日本でこの本がどれだけ受け入れられたか、それについて確定的な事を言うにはいまだ時期尚早でしょう。特に、この種の本は熟成するには時間を要するからです。それが本当に実を結ぶには、民族の生活に深く入り込まなければなりません。宗教的な働き(ワーク)について私は以下のように考えることにしています。正義や真理と思うことをせよ、弛むことなく続けよ、即座に結果が出ると思うな、いや一切の結果を望むな、と。善や真理にはそれ自体に芽吹く力があります。必ずしも人間が軽はずみな考えで、無理に成長させようとするまでもないのです。今から50年か100年の後、図書館の隅や上の方の棚にぽつんと置いて

あるスウェーデンボルグの本が、知識欲旺盛な人の興味を引くことがあるかもしれません。彼はその本を引き出し、さっと読んでみて、これが普通の人間の著作ではないことを認め、興味を抱き、読み続けるでしょう。自分の読んだものについて彼は考え、その思いは次第に増し、それにとらわれます。そしてある日、彼の心に突然の啓示がひらめきます。彼はもはやかつての彼ではありません。彼は、より深い知覚をもった、霊的な人間なのです。彼は、天界と地獄に切実な関心を寄せるスウェーデンボルグ主義者になるのです。彼自身の口から、神の生きた真理が説かれるのです。

たとえ、こういうことが起こらなかったとしても、本が存在するというそれだけで、偶然にせよ何にせよともかく、誰かが読むことになるわけです。いかなる環境であれ、あるいはどれだけ熱中したかという差はあれ、いったん読んだものは、読んだ本人がすっかり忘れたと考えていても、失われることは絶対にないのです。これは立証された心理学的事実です。そうである以上、年を取ってから過去を思い出すこともあるでしょう。いろいろな出来事が重なって、かつて何気なく口に入れた種が成長するに好適な心理状態へ彼を引き戻すかもしれません。これが大事なのです。私たちの働き(ワーク)は、そこで結果を得たことになるのです。

私の年長の友人で最高裁判所の検事を務めている人物がおります。宗教心豊かな方で、『天界と地獄』の日本語訳を最初に購入してくれた一人です。その後で会ったところ、『天界と地獄』をたいへん喜んでくれ、日本人たちに強く勧めると言っていました。日本の大衆は、残念ながら、来世(あるいはこの世界と並行して存在している世界というべきでしょうか)への信仰を失いつつあります。最近の日本で犯罪がはびこるように見える理由の一つは、来世の知識が不足していることにあると彼は考えています。彼によると、こういう理由から、宗教思想が悲しいほどに受け入れられていない地域では、他の場所より

も恐ろしい犯罪が起こっているそうです。彼の友人たちは皆、『天界と地獄』に描かれたようなことに関心を持っています。彼らは皆、優れた知識人であり、さまざまな生活の分野で責任ある地位を占めております。

　私の判断では、日本におけるスウェーデンボルグ主義の著作への見通しは好ましいものです。日本においては、宗教復興を示唆する兆候は随所に窺えます。かつては霊的な事柄がすべて絶望的なまでに踏みにじられ、物質的幸福、政治改革、殖産、つまり国民生活の発達に何の関係もないとして軽蔑されきった時期もありました。これは物質主義が最高潮の時代で、およそ40年前の政治革命の直後のことでした。この革命、あるいは改革は、歴史的なものをすべて破壊し、破壊することを誇りにしていました。古い日本よ去れ、何としても新しい日本を迎え入れよ。しかし実際のところ、私たちは歴史なしに暮らすことはできません。私たちは皆歴史的です。歴史的な背景から育ってきたのです。新日本も旧日本から連続的に成長してきたものでなければなりません。そして、いまでも存在する無数の寺院、僧院、神社などから分かるように、旧日本は宗教的で霊的でした。スウェーデンボルグにも来て貰って、新日本が今再び霊性(スピリチュアリティ)の確固たる立脚点に置かれるよう、援助してもらわねばなりません。この講演を締めくくるに当たって、スウェーデンボルグをすっかり精読する機会を与えていただいたことに感謝したいと思います。スウェーデンボルグのおかげで、私は、霊に属す非常に多くの美しく高貴な物事に対して目を開かれたのです。私の次の任務は、高められた悟性によって意志を浄化し、彼のすばらしいメッセージを霊的に理解することでしょう。

　短いスピーチとは言え、構成はよく錬られており、最初にその魅力、次に日本での普及（というより宗教伝道行為の本質）、最後に日本の霊的に貧困な状況とスウェーデンボルグへの期待という三部から成っ

ているが、簡にして要を得たものである。遠慮なしに最大級の賛辞を送っており、リップサービスとして割り引いたとしても、大拙の心酔の様子が分かる。また、大拙の宗教社会的な分析眼には鋭敏なものがあるが、明治以降の宗教史を振り返り、霊的な事柄が復興しつつあるという見通しはまさにその通りで、スウェーデンボルグ自体はさておいても、大正年間に入るとスピリチュアリズムが大流行している。

これと比べてみると、日本語でのスウェーデンボルグ論の代表的なものである『スエデンボルグ』では、「所述、固より悉く之を信ずべからずとするも、瓦礫の中に金玉なしとは云うべからず」[35]と、全体としては高く評価しているが、いささか調子は低い。

同書では、スウェーデンボルグ思想の長所と短所をそれぞれ三点挙げており、長所は、(1)天界と地獄の遍歴を真摯に誇張なく語っている、(2)「此世界には、五官にて感ずる外、別に心霊界なるものあるに似たり、而して或る一種の心理状態に入るときは、われらの此世界の消息に接し得るが如し」[36]、(3)我をすてて神性の動くままに進退すべきとされるところは仏教に似ている、という三点であり、対してその短所として、(A)文章が冗漫で恰も老爺が小児を教えるようである、(B)感覚外の世界について真面目すぎるので狂人のように見える、(C)あまりに描写が具体的すぎる、という三点を挙げている。

しかし、欠点の(A)は英語講演では弁護しているところであった。従って、本当に短所と考えていたとは思われない。(B)と(C)も長所の(1)の裏返しにすぎないので、必ずしも欠点とは考えていなかったはずである。つまり「瓦礫の中の金玉」と言いながら、瓦礫の部分については実質的にはほとんど触れていない。結局、大拙にとって、スウェーデンボルグの魅力であり当惑の種となったものは(1)と(2)に集約されよう。つまり「他界の存在」である。これについては次節で論じることにして、ここでは(3)に関連する問題、つまり個人主義と道徳の問題について論じておく。

まず『スエデンボルグ』においても、英語講演と同じく、日本人の宗教心を批判して「吾邦精神界の現状を察するに、物質的・実業的文化の浅薄なるに飽き果てたる如くにて、尚ほ未だ帰着する処を知らず。政府も国民も宗教の必要なるを感じながら、尚ほ如何にして其必要に応ずべきかの方法に至りては十分に講究せられず」37)と厳しく批判している。英語講演でも日本語でも力説していることからしても、スウェーデンボルグへの期待の裏には、日本国民の道徳的退廃、精神の貧困に対する強烈な危機感があったわけである。

ここに隠された社会批判については、研究家A・バーンシュタインが、明治から大正の知識人層の精神史から興味深い分析を行っている38)。日露戦争以降の資本主義の進展、藤村操の自殺に象徴される苦悩の時代、それを矯正するための戊申詔書に代表される上からの国民道徳の押しつけ、さらにまたそこから逃れるための内向した個人主義の発生——こうした風潮に対して、大拙は『スエデンボルグ』中で二つの指針を提示しているとバーンシュタインは指摘する。ひとつは日本人の宗教的渇望に対しては、上から標準化された国民宗教や道徳で教化するのではなく、個々人に合う多様な宗教を導入し、宗教の自由市場をもたらす必要性の提唱。そして第二には、この書に描写されたスウェーデンボルグの人生と人格それ自体である。大拙は同書中で、科学研究に捧げた前半生、霊界の研究に傾倒した後半生という人生を描き、その上で、霊界研究と社会的な活動を両立させた点を賞賛している。バーンシュタインの解読によれば、大拙はスウェーデンボルグの人生を、富国強兵が時代の風潮であった明治前半と、明治後半から大正にかけての内面への沈潜化の風潮に重ねて見ており、内面に向かった結果社会的な責務を放棄した人々への教訓として、日常と内面の生活を両立させたスウェーデンボルグを描いたと言う。ところが、昭和2年の「スエデンボルグ（その天界と他力観）」では、社会的議論が消えて自由意志と万人救済の関係といった非歴史的、宗教的な議論

に終始している。大正2年から昭和2年の間に大拙自身が社会問題を忘れてしまったというわけである。この点でバーンシュタインは、リベラルな大拙から保守的な大拙へというロバート・シャーフの大拙論[39)]を下敷きにして、社会的発言をするスウェーデンボルグ主義者大拙と、内化していった仏教者大拙を対置させ、後者についてはいささか厳しい評価を与えている。

　バーンシュタインの論の前半については、異を唱えるべき点はないと思われる。宗教の自由市場という企図は、後述するように、新宗教への共感的な意見にも一貫して表れている。また、大正時代が霊的思想のもてはやされた時代だからこそ、大拙は現実的、社会的なバランスの取れた人格としてスウェーデンボルグを描いたという指摘も重要である。しかし、英語講演で述べているように、そうした社会道徳の問題も結局は他界の存在が現実性を失ったことに由来する。超越界の有無と道徳との問題は関連づけられていた。大拙のスウェーデンボルグ観の中核には、他界の存在という問題意識がある。

5　宗教から迷信まで

　前章で述べたとおり、大拙にとって、スウェーデンボルグ著作の重要性は、描写が具体的で現実性がある他界観ということであるが、その具体的な部分は明治の仏教者にとっては受け入れ難い部分であった。というのは、明治仏教の復興者となった井上円了は、仏教を合理的で近代科学とも合致する真理として主張し、さらにその合理主義的精神を引き継いだ仏教改革運動の新仏教徒同志会では、仏教の健全な信仰と迷信の根絶をその綱領に謳っていた。そして大拙自身は、この新仏教徒同志会の会員であった以上、霊界へ出入したなどという「所述、固より悉く之を信ずべからず」と主張するのも当然であろう。しかし、その上で彼はスウェーデンボルグを肯定的に論証することになるが、それには宗教理解の大きな枠と、具体的な解釈の二つのレベル

を考えることができる。

　大拙もその最初の著『新宗教論』(明治29年)では、基本的には啓蒙的で合理主義的な仏教解釈を取っている。同書では科学と宗教について一章を割き、宇宙に真理は二つなく、科学的、宗教的の区別はできない、しかし宗教は鬼神論(ミソロジー)から生じているので、そこには迷信の垢がたまっている、それを払い真理に戻すのが科学の役割である。したがって科学と宗教は補完するものであり、真正の宗教とは迷信が一切ない真理のことであるといった主張をなしている。さらに、霊魂論に関しても一章を割き、ヒュームを引いて現代の心理学では霊魂のような実体が存在しないこと、それは仏教に通底していると説いている。彼は果たしてこの霊魂観でまったく安心していたかどうか疑問なしとはいえないが[40]、その7年後、1903年の『米国仏教』でも「霊魂の有無と信仰の退不退」と題する講演においても「仏教には仮我即ち意識の統一又は人格の相続と云ふことを許せども、実我又は神我とも謂ふべき一種の個体的、具体的霊魂なる存在ありとは許さざるなり。世の人の云ふ霊魂、即ち仏教の我と云ふものは想像の上に浮かべられたる一つの迷信」[41]と説いている。

　この時期、大拙はオープン・コート社主として、アメリカでの雇い主であったモニズム論者ポール・ケーラスに感化されていたと言われる。ケーラスは「科学の宗教」を標榜し、合理主義的、道徳的な仏教受容者の代表的な人物であった。ただし、ケーラスの大拙への思想的影響については英文での記述と日本語の間に多少の温度差があり、日本語では必ずしもケーラスに心服していなかった様子がうかがえる。確かに当初はケーラスの『仏陀の福音』を翻訳するなど、彼を評価していた。しかし渡米後はケーラスの合理的宗教観に対し批判的になっている。明治31年、西田幾多郎に宛てた手紙で、「科学者経験とか何とかによりて道徳を論じ、人間の命運、幸福などを説明せんとすれども、予が実地の生涯によりて之を推すに人間は何処より来るとも知れ

ぬ一種不定（故に不可思議）の力によりて動かさるるものの如し。理智の力によりて本性的インポルスを規制し得るが如く意識するはイリュージョンに過ぎずと思はるる…ケーラス氏の宗教観は取るに足らず、但予よりは読書したること多き故上手に饒舌を弄するのみ」（月日不詳）42) と非常に厳しい。

　大拙を悩ませた「一種不定の力」と科学的あるいは仏教的な合理主義との相克に、一つの解決を与え、大拙の宗教理解に決定的な影響を与えたのは、ケーラスの論争相手、ウィリアム・ジェイムズであった。1902年9月23日付の手紙ではジェイムズの『宗教的経験の諸相』が年来の渇望を癒し、ケーラスなどに代わる宗教論を提示してくれた喜びを「数年来なき命の洗濯」とまで称賛し、やはり西田に対し次のように書き送っている。

　「自余の哲学者の如く無理に馳せず、多くの具体的事実を引証して巻を成す、同教授は余程宗教心に富むと見えたり、ケーラス氏などの宗教論と違い、直に人の肺腑に入る、宗教的経験を妄想迷信と云ふ名の下に却け去らず、之を心理上の事実として研究せんとする教授の見処既に予の意を得」43) と述べている。

　一元的な真理観によって迷信と正信を分ける立場から、より多元論的な宗教観への変化をここに認めることができる。知識人による上からの正邪判断の限界をわきまえ、さまざまな信仰の有様を尊重する立場、人間的事実への謙虚な姿勢、そうしたものがその後の大拙の宗教観の根底をなしていたと思われる。たとえば、以下の文章にも、同様の意見が述べられている。

　昭和10年に『名古屋新聞』に書いた「新興宗教と迷信邪教」という文章では、迷信邪教と呼ばれるものに対して、「莫迦なことだと云つてけなすよりも、人間的だと云つて同情すべきものではなかろうか」44)「吾らは元来が矛盾の塊である、一口に云へば迷信の塊である。それ故に、所謂新興の宗教なるものはいつでもあるものと思

う」45)と同情的である。あるいは「迷信の世界」では、「科学の知識とか、宗教の知識とか云ふことは、学者の常套語である。それで是等の知識の値打は学者と云ふ特殊の階級に属する人々の世界にのみ通用し、又有効なもののやうである。而して「金神」の存在する世界には殆ど役に立たぬのでないかと思はれる」46)というかなりラディカルな多元的世界観を述べている。

ジェイムズを読んだ若き日の大拙の感激と、この壮年期の大拙の宗教観を直線で結んでみれば、スウェーデンボルグとの出会いと共感は理解しやすい。多元的な宗教世界観という大枠では、スウェーデンボルグが天使と語らう社会も、人々の日常的な社会も、それぞれが人間的な社会として立派に存在価値を持つこととなる。そのような多様性は、既に述べたように、近代の日本社会に必要なものと大拙は考えていたわけである。これをスウェーデンボルグを肯定する第一のレベルと措定できよう。

第二のレベルは、スウェーデンボルグの天界や霊界めぐりを、どう実際に了解するかという問題である。

そもそも、来世の有無、浄土の存在という問題は、明治維新以降、素朴な実在説が決定的に否定されて以来、いろいろな論が提出された。柏原祐泉の研究によれば、1) 井上円了を始めとする啓蒙仏教家による科学的な立場からの否定論、2) 来世を仏陀の覚知した超越的実在で凡人の認識が及ばないとする不可知論、3) 信仰を得るための方便、4) 主観的実在という条件付きで存在を肯定する立場の4種類があったとされる。第4の立場の代表者が清沢満之であり、「地獄極楽の存在は完全に主観的領域に限定され、信仰的事実としてのみ承認され、定立されることとなった」47)。確かに、柏原の指摘する通り、近代的浄土観の完成型であったろうが、大正以降のスピリチュアリズムの流行からすれば、必ずしも近代人の渇望をすべて満たしたとは言えない。

他方、スウェーデンボルグの他界観については、バーナード・ラン

グはそれを人間中心的な他界観であるとして、特徴を4点あげている。1）天界と地上との間のベールは薄い。2）天界の生活は、地上での生活の連続と完成と見なされている。3）天界の人間も進歩しつつある。神への旅は天界でも続く。4）社会的関係は、天界の生活にとって基本的なものである48)。この3と4については、日本の近代仏教者は同意するところであろうが、1と2の連続性、具体性については、真正面から衝突する問題である。

大拙にとっても、スウェーデンボルグの魅力のひとつは、先にも述べたように他界の具体性であり、近代化によって一旦否定された素朴実在説を再度具体的な経験によって復活させてくれたという点にある。大拙はスウェーデンボルグによって「此感覚世界以外か、又は此世界に即して、一種超感覚的世界あることは疑はれぬに似たり」49) と確信していたが、そこから先が問題となる。近代的仏教者である大拙にとっては、そのままでは肯定できるわけではない。ただ、そこからの論証もさらに二段階に分かれるように思われる。

スウェーデンボルグの他界観の特徴は、具体性にあふれていると同時に、霊界と現実界との間が相応（correspondence）関係で密接に結びつけられていて、自然界は霊界の鏡とされる点にある。これを大拙は真言事相の哲学と解釈する。「畢竟するに、天地は一つの大なる象徴なり、スエデンボルグの語を用ゐれば、表象なり。而して之れを了解する唯一の心法は同情的想力に在り。此の想力なくては千種万様の事相即ち象徴を通じて其の裡に密蔵せる大原動力に触るるを得ず」50)。スウェーデンボルグでは、現実界から霊的意味を解読する可能性は相応の法則によって保証されているが、その法則は仏教にも通底していると大拙は説く51)。真言密教と比較するという点においては、石堂の比較論の延長線上にある。

しかし大拙の解釈は、そのような「同情的想力」でしか具体的には経験できない世界として他界を限定するだけではなく、日常的で身近

な世界そのものが、一種の他界に他ならないと看破したところにその創造性がある。もちろん、娑婆は娑婆であり、浄土は浄土である、人間は二つに分かれながらも象徴でつながる世界を抜けることは出来ないと大拙は述べている[52]。超感覚的な他界は存在するが、その姿はスウェーデンボルグのような特殊な人間や、象徴を介することでしか把握できない。しかし、たとえば「ある日のこと」という身辺雑記では、浅草海禅寺での『臨済録』提唱に出席しての感想を述べたところで、他界観に対して、もうひとつの解答が与えられている。

「スエデンボルグは天界には情態（ステート）のみであると云うておる。天界のみではない。吾等毎日の此地上における生涯も、全く主観的価値にすぎないのではないか知らん。主観的価値と云うは境涯と云うことである」[53]。

つまり、なぜ大拙がスウェーデンボルグを評価するかと言えば、特別な神秘経験ではなく、それが日常のごとく語られ、しかも天界も現実界も主観的価値である境涯という点でまったく同じだからである。そこには娑婆即浄土的な自由闊達さがある。「主観的」という言葉が使われてはいるが、信仰の限りにおいて浄土が存在するといった、緊張を強いる他界観とはかなり異なる。宗教経験の特殊な限られた時間の間だけ、経験できるものではない。スウェーデンボルグの他界観には、天界、霊界と現実界の間に主従の関係を置く二元論的な傾向が明らかなのであるが、大拙はその二元論的な部分を見ない。そこに大拙によるスウェーデンボルグの創造的な解釈があるのではないか。

結語

スウェーデンボルグと仏教との関係は、ダーサの言説が大きな影響力を及ぼした明治20年代と、大拙が翻訳を開始する明治40年代以降ではかなり異なったものとなっている。

明治20年代では、スウェーデンボルグ思想は仏教、少なくとも仏

教と連続する思想として、比較の対象であった。スウェーデンボルグを核として、スウェーデン系アメリカ人によって西洋神秘思想に重ねて理解された仏教が、さらに日本で解釈されるという、多層化された状況があった。その中で、鈴木大拙がその後試みることになる禅経験の脱文脈化はすでに進んでいたわけである。

　一方、明治40年代になると、スウェーデンボルグを仏教とは別個の思想ということははっきりする。明治の日本仏教は、自然科学と東洋学という西欧文化のくびきを戦略的に利用することで、知識人階級に対して自己を守ることに成功し、富国強兵という生産性重視の社会的風潮にも対応でき、その限りにおいて問題はなかった。しかしそのために、限界領域の事柄、宗教でなくては答えを考える用意ができない生死の問題を不問に付す結果になった。その問題が改めて突きつけられたのは明治末からである。その貧困な状況に対して、国家の統制による押しつけの道徳や死生観ではなく、大拙は各人の傾向に合致した宗教の自由市場を構想し、選択肢の一つとしてスウェーデンボルグを導入しておく必要性を痛感したのであり、合理主義の風潮の中で喪われた他界の存在を証明し来世の問題に解決をつけてくれるものとして歓迎した。しかし霊魂や来世の有無それ自体が、近代仏教の一部では否定された事柄であり、大拙にとってもその両方を調和させる視点が必要となっていた。「境涯」という言葉で示された、現実界も天界も同等視できる立場は、スウェーデンボルグの他界観に対する創造的な解釈であり、霊魂の有無を問うことのない新しい他界観を提出したとも言えよう。あるいは、寺院内の特殊な状況における、時間的にも限定された心理状態としての神秘経験を、その限定をとりはらい、心理状態ではなく世俗的世界の中に読み込もうとした。それは、大拙の禅解釈につながるものである。

　大拙の禅理解は、寺院での「伝統的な」禅を期待する人々には、失望しかもたらさないかもしれない。しかし、「他界や神の存在が否定

された近代社会の中で、いかに救済をえることができるのか」と自問しながら生き抜かなければならない人々には、世界の見方を一瞬変えてくれる大拙の文章は、かつても、いまも、魅力あるものであり続けている。

〔註〕

1) 小林康達『七花八裂』（現代書館、2005）148、149頁。
2) 小林、同書、155、156頁。
3) 杉村広太郎編『老川遺稿』（杉村広太郎、1901）184、185頁。
4) 能海寛と反省会の入蔵熱については、高本康子『近代日本におけるチベット像の形成と展開』（芙蓉書房出版、2010）第1章第3節を参照のこと。
5) 西田勝「解説」、西田勝編『田岡嶺雲全集』第1巻（法政大学出版局、1973）。小柳司気太が『叢雲』（日高有倫堂、1909）に寄せた回想録に依る。なお「精神的物理学」とは東大の初代心理学教授、元良勇次郎が講義していた実験心理学をさす。
6) 「美と善」西田勝編『田岡嶺雲全集』第1巻（法政大学出版局、1973）234頁。
7) 西田勝編『田岡嶺雲全集』第1巻、第2巻（法政大学出版局、1987）、それぞれの解題、桐田清秀編『鈴木大拙研究基礎資料』（松ヶ岡文庫、2005）、『老川遺稿』より作成。『宗教』『六合雑誌』はユニテリアン系雑誌、『東亜説林』は「東西文明の融化」を目指して田岡らが発行していた同人誌で明治27年11月創刊、翌年3月に4号を出して終刊（西田勝編『田岡嶺雲全集』第5巻（法政大学出版局、1969）749頁による）、『青年文』は少年園発行、田岡が山縣五十雄と共に編集していた投稿雑誌で明治28年2月創刊（『全集』第5巻、568頁）。
8) 『西遊日記』（井上禅定、1941）には、明治20年4月26日の項に「僧能く仏制を謹守し戒行精白なるにも拘わらず禅定の一事に至ては恰かも知らざる者の多絶えて修することなし」（同、40丁）とあり、「生死岸頭に臨まば窮猿鎖を叩き」あるいは「禅定なきの戒行は只木猴にして冠を着つるのみ」（同、41丁）と厳しく批判している。ただし、3月に横浜を出航して、到着したばかりなので、割り引いて考える必要はある。なおダルマパーラは、実践されていなかった禅定瞑想を独自に実践していた。Steven Kemper, Rescued from the Nation (University of

Chicago Press, 2015）p.32.
9) SDZ 30:61-64.
10) SDZ 30:192-195. 初出は『禅宗』49号（1899年4月）。
11) 新井奥邃、森有礼、田中正造については、瀬上正仁『明治のスウェーデンボルグ』（春風社、2001）を参照。
12) 以上についてさらに詳しくはYoshinaga Shin'ichi, "After Olcott Left: Theosophy and "New Buddhists" at the Turn of the Century" *Eastern Buddhist* vol.43. nos.1&2（2012）pp.103-132を参照のこと。
13) 『活論』3号（1890年5月25日）21,22頁
14) 原綴りは不明である。『仏教』11号（1890年1月17日）、『浄土教報』26号（1890年2月5日）、同27号（1890年2月15日）には、同じ著者による「法苑対話」なる記事が翻訳されている。
15) 『活論』3号、24頁。
16) 現在の研究者から、スウェーデンボルグの神秘経験がカバラ由来、あるいはチベット仏教由来という説は出されている。Wakoh Shannon Hickey, "Swedenborg: A Modern Buddha?" *Pacific World* no.10（2008）pp.108,109
17) 平井については、科研報告書Hirai Kinza and the Globalization of Japanese Buddhism of Meiji Era, a Cultural and Religio-Historical Study（Grants-in-Aid for Scientific Research no.16520060）（2007）を参照のこと。シカゴ宗教会議での平井の演説については、Judith Snodgrass, Presenting Japanese Buddhism to the West（University of North Carolina Press, 2003）のchapter8を参照せよ。
18) Kinza M. Hirai, "Religious Thought in Japan" *Arena* no.XXXIX（Feb., 1893), pp.257-266.
19) 帰国後、1899年の講演で、その宗教的信条を以下のように述べている。「「モハメット」と云い「スイーデンボーグ」と云い仏教と云い基督教と云い種々に分れて居りますが、其根本は一つであると云うが私の信仰であります」平井金三「総合宗教論」『傳燈』192号（1899年6月）16頁。

20)『反省雑誌』12年1号（1897年1月）に、『伝燈』主筆が菅学応から石堂恵猛へ交代したという記事が掲載されている。『宗教』63号（1897年1月）には、ユニテリアンの経営する先進学院の学生であった石堂は、傳燈の編集者となって京都へ行った（60頁）とあるので、この論文を執筆した当時は先進学院の学生であったのかもしれない。

21)『傳燈』101号（1895年9月）16頁。

22)『傳燈』101号、10頁。

23)『傳燈』100号（1895年8月）12頁。

24)『傳燈』100号、13頁。

25)『四明余霞』86号（1895年2月）12頁。

26) SDZ 30, 42

27) SDZ 30: 49,

28) ペンシルヴァニア歴史協会 Pennsylvania Historical 所蔵のエドマンズの日記（Diary #10）1903年7月18日の項に、大拙にスウェーデンボルグとマイヤーズへの興味を抱かせたという記述がある。マイヤーズはウィリアム・ジェイムズの友人で『宗教的経験の諸相』に影響を与えた心霊研究家で深層心理研究者のF.W.H.Myersのことであるが、Myersについての大拙の言及はいまだ発見できていない。なお大拙の方も「筆者（＝大拙）をスウェーデンボルグ主義神秘主義の研究に向かわせたのは、彼（＝エドマンズ）であった」と書いている（*Eastern Buddhist*, vol.2 no.1-2, p.92.）。

29) Edmunds, A. J. *Buddhist & Christian Gospels : being Gospel parallels from Pali texts*, edited with parallels and notes from the Chinese Buddhist Tripitaka by M. Anesaki（Yuhokwan, 1905）

30) Leonard, John W. *Who's Who in Pennsylvania: A Biographical Dictionary of Contemporaries*, second edition（L.R.Hamersly & Co., 1908) p.230. なお大拙とエドマンズについては、トマス・ツィード著、桐原、クラウタウ共訳「米国オカルティズムと日本仏教—A・J・エドマンズと鈴木大拙、そしてトランスロカ

ティヴな歴史叙述」『年報日本思想史』11号（2010）参照。

31）1886年、フィラデルフィアに *Health, Family, Garden* という名のスウェーデンボルグ系の菜食主義雑誌が創刊されているが、この雑誌にはフィランジ・ダーサを紹介した"A Buddhist in California" *Health, Family, Garden* vol.1 no.10（Oct. 1889）、Albert J. Edmunds, "Food in the Light of the Scripture" *Health, Family, Garden*, vol.3 no.31（Jul.-Aug. 1891）など、ダーサや日本仏教関係者の記事も載っていた。

32）*New-Church League Journal* vol.XI no.3（January, 1911）p.79. なお、同誌によると『天界と地獄』日本語版は2000部発行された。発行社、有楽社の社長安孫子貞次郎がスウェーデンボルグに惚れ込んでの出版だったという。

33）ロンドンのスウェーデンボルグ協会に残る *Minutes of a Meeting of the Committee for Japan held on the 17th April 1914...* と題されたスウェーデンボルグ協会（日本委員会）会合の資料によれば、『スエデンボルグ』以後の出版を円滑に行うために、その前年にF.G.SaleはE.W.Frazar, C.E.Kirby, D. Teitaro Suzukiを委員に任命した。ただし関係の文書を読む限り、文書伝道が順調に行ったとは思われない。

34）*Annual Report of the Swedenborg Society 1912*. London [Swedenborg Society], 1912, pp.31-34. この資料の存在は、同協会名誉司書Ms. Nancy Dawsonより教示いただいた。

35）SDZ24:11.『スエデンボルグ』より。

36）SDZ24:7,8.

37）SDZ24:11.

38）Andrew Bernstein, "Introduction" *Swedenborg: Buddha of the North*（Swedenborg Foundation, 1996）

39）Sharf, Robert H., "The Zen of Japanese Nationalism" *Curators of the Buddha* edited by Donald S. Lopez, Jr.（The University of Chicago Press, 1995）

40）明治23年5月1日、山本良吉宛の手紙で、母親の死去について

触れ「人に向かつては立派に「生者必滅」など云ひ、或るは却つて関係の煩らはしきものなく心易き事など、云ひおれども、実際は甚だ心淋しく夢裡に其髣髴を認むること往々とも有之…老母死去に付いて感ぜしは霊不滅の事なり」(SDZ36:18, 19) と、その悲哀と当惑を漏らしている。

41) SDZ32:322.
42) SDZ36:163.
43) SDZ36:222.その後、大谷大学の教員となった大拙は、ベルグソン、ファン・デル・レーウなどの宗教学書を講じたが、学生の記憶によれば「書中随所で心からの同感を示されたのはやはりジェームズだけであった」(坂本弘「鈴木先生とウィリアム・ジェームズ」『鈴木大拙 人と思想』久松真一、山口益、古田紹欽編、岩波書店、一九七一年、四三頁)。
44) SDZ32:118.
45) SDZ32:120.
46) SDZ19:578.
47) 柏原祐泉「近代における浄土観の推移」池田英俊『論集日本仏教史』第8巻(雄山閣出版、1987) 218頁。
48) Erland J. Brock ed., *Swedenborg and His Influence*(Academy of the New Church Book, 1989) p.310.
49) SDZ 30: 457.
50) SDZ18:322.
51)「報身観の宗教心理的基礎論」『大谷学報』9巻4号(1928年12月)では、大拙的に解釈した『天界と地獄』を、「報身観」理解の基礎としている。
52)「事事無礙とは云うても地獄即極楽とは云はぬ。娑婆に浄土の意義があると云ひ得ても、地獄は地獄で、極楽にならぬ。矢張り観音も弥陀も不動も薬師も八百万の神々も居る。相応の原理は人間の意識からとり去られぬ」「スエデンボルグ(その天界と他力観)」SDZ 19:637.
53) SDZ30: 498.

『増補新版　鈴木大拙全集』(岩波書店、一九九九〜二〇〇三年) は
SDZと略記。SDZ巻数:頁数の順で表記。

参考資料

『海外佛教事情』及び『THE BIJOU OF ASIA（亜細亜之宝珠）』総目録

『海外佛教事情』『THE BIJOU OF ASIA（亜細亜之宝珠）』総目録 凡例

一、本総目録は『海外佛教事情』（第1集〜第40号）及び『THE BIJOU OF ASIA（亜細亜之宝珠）』（No.1 〜 No.6）の内容を刊行された順序に従って、中川未来氏（愛媛大学法文学部講師）が作成し、小社編集部が校正を行った。

一、仮名遣いは原文のままとし、旧漢字、異字体はそれぞれ新漢字、正字にあらためた。また、明らかな誤植、脱字等も原文のままとし、人名その他もあえて統一をはからなかった。

一、総目録の標題は本文に従ったが、目次、奥付、広告などには触れなかった。

（編集部）

参考資料

『海外佛教事情』総目録

海外佛教事情　第1集　明治21（1888）年12月（第一版）
　　　　　　　　　　明治22（1889）年4月（第三版）

本会々員募集広告
本会出版書目
海外佛教事情第一集目次
緒言　　1
論説　　日本仏教評論　シ、ホーローウエー　　7
　　　　真宗教旨　ユース、ビオ、アーバン　　17
　　　　何故ニ仏教ナルヤ　　27
　　　　仏教ノ慈恵　博士マクス、ムユーラー　　29
　　　　幽玄仏教論　チヤールス、ヂヨンスン　　32
　　　　仏教ト基督教トノ比較　　42
　　　　基督教国ヲ化シテ仏教国トナサントス　　46
　　　　神智学トハ何ソヤ　　53
問答　　合衆国チヤールス、マーセイルスノ質疑　　63
　　　　チヤールス、マーセイルス氏ノ問ニ答フ　会員斎藤聞精　　64
書信　〔松山松太郎氏の書簡〕　　68
　　　　ウキリヤム、キウ、ヂヤツヂ氏返信（一千八百八十七年五月十九日　紐育発）　　71
　　　　ウキリヤム、キウ、ヂヤツヂ氏書信（千八百八十七年八月　紐育発）　75
　　　　エドワード、ウオレツプ氏書信（千八百八十七年十月　米国カリホルニヤ洲発）　79
　　　　エヂス、ジヨンストン嬢書信（一千八百八十七年十一月　蘇格蘭発）　84
　　　　英国フランシスカ、アーランデール嬢書信（千八百八十七年十二月　伊太利羅馬府発）　87

ダンマパラ、ヘバビタラナ氏書信(千八百八十八年一月　印度発)　89

　　米国カーネル、カツソー会社の書信(千八百八十八年二月)　92

　　仏教会計書記クリシユナ、チヤントラ、チヤウドリー氏の信書(千八百八十八年三月　印度チノタゴン発)　　94

　　ダンマパラ、ヘバビタラナ氏書信(千八百八十八年四月　印度発)　97

　　エリオト、ビー、ページ氏書信(一千八百八十八年四月　米国ミヅリー州発)　　101

　　アーランテール嬢書信(一千八百八十八年七月　英国発)　　104

　　セントジヨージ、レーン、フヲツクス氏書信(千八百八十八年七月　英国発)　　106

　　チヤンドラル、ダツタ氏書信(一千八百八十八年九月　サイアム、バンコク発)　　108

雑録　米国仏教伝播の景況　　116

　　仏光新誌　118

　　米国神智学会員の運動　　119

　　神智学会の増加　　120

　　英国の大出版会社　　120

　　世界の三大運動　　122

　　錫蘭仏教徒　　123

　　仏者の友　　123

　　仏教徒のバザー　　124

　　二万五千ルーピーの寄附　　124

　　暹羅に於ける耶蘇宣教師　　124

　　マトラス基督教大学　　125

　　仏教問答と亜細亜の光明　　126

　　英文仏書　126

　　神智学会に関する新聞雑誌　　127

本会報告　　129

海外佛教事情　第2集　明治22（1889）年5月11日

海外佛教事情第貳集目録
論説　サイアム王及同国法親王の書翰(仏光新誌抄出)　1
　　　日本の諸宗教(セラソフィスト雑誌抄出)　21
　　　人の天然食餌を論す(ホルロウエー氏の仏教者食餌論抄訳)　29
　　　世尊の称号(印度ジヤヤサケレ氏基督教仏教比較論抄出)　38
　　　勿れ　米国セラ、ゼーン、ビー氏　43
　　　仏陀教に於ける誤解を弁す　英国シネット氏　46
　　　オルコット氏懇親会席上演説(本年二月廿日智恩院に於て)　64
雑録　仏教は将来の宗教たり　76
　　　唯物論と仏教との勝敗如何　80
　　　信と不信と同しく迷ふ　82
　　　大なる哉仏教　83
　　　新酒の分析　83
　　　仏教と基督教との差別　86
　　　仏教徒　87
　　　我邦宗教世界の二大工事　89
　　　瞿曇の足跡　92
　　　龍動神智学出版会社　92
　　　鐘と念珠の原因　95
　　　廃肉の風大に流行す　96
　　　三十二名　97
　　　第三万回の広告　98
　　　人をして妙円の境に至らしむるものは何ぞ　98
　　　涅槃は空滅にあらず　98
　　　ロチエストル同胞会の機関たる「ヲッカルト。ウナルド」　99
　　　仏光新誌の第二年期　100
　　　欧米の新思想は日本の洪水　101
　　　仏教は宇内宗教なり　105
　　　仏教遠く第五大洲に至る　106

イユージーンフイルド氏仏教に帰依す　　107

　　　亜細亜の宝珠　本会発行の英語仏教新誌　　107

　　　神智学会総長オルゴツト氏　　112

書信　蘇国ヂヨンストン嬢書信（一千八百八十八年五月スコツトランド発）
　　　　　　　　　　　　　　　　　　　　　　　　　　　121

　　　米国ウイリアム、キユー、ヂヤツジ氏書信（一千八百八十八年七月ニウーヨルク府発）　　122

　　　印度チアンドル、チヤウドリイ氏書信（一千八百八十八年七月　浙池港発）　　123

　　　米国マギユア氏書信（一千八百八十八年九月ヲレコン州発）　　126

　　　米国博士ゼー、シー、ホフマン氏の書信（一千八百八十八年六月ウキスコンシン州発）　　128

　　　澳州セヲルドル、ライト氏書信（一千八百八十八年九月クインスランド発）　　131

　　　澳州セオルドル、ライト氏書信（一千八百八十八年十月クインスランド発）　　131

　　　英国学士ウオーター、ヂー、ウールカム氏書信（一千八百八十八年十月龍動発）　　136

　　　米国チゼー、マクス、アフイー氏書信（一千八百八十八年十月ミンネソタ発）　　137

　　　米国エドワードウヲレツブ氏寄反省会書信（一千八百八十八年十一月カリフオルニヤ州発）　　137

　　　米国アル、エ、ブロートゼツト氏書信（一千八百八十八年十二月フロリタ発）　　139

　　　同氏妻某書信（一千八百八十八年十二月フロリタ発）　　140

　　　米国エドワード、ウオーレツブ氏寄反省会雑誌書信（一千八百八十八年十二月カリフオルニヤ州発）　　140

本会報告　1

本会規則摘要　21

本会出版　22

奥付　24

海外佛教事情　第3集　明治22（1889）年10月15日

論説　亜細亜州の仏教徒よ何んぞ速かに奮起せざる　米国カルホルニヤ州フィランジ、ダーサ氏　　1
　　　仏教の特質は実際の慈恵なるを論ず　米国カルホルニヤ州フィランジ、ダーサ氏　　5
　　　「ブデイズム」を論ず　米国フオンデス　　10
雑録　仏教復興の大波サイアム国に及ぶ　　14
　　　仏教は絶望の哲学なり　　14
　　　霊魂洗滌薬　　15
　　　日耳曼の博士ハルトマン氏　　16
　　　コール雑誌に載せたる歌を聞け　　17
　　　英語真宗問答　　19
　　　オルコツト氏真宗問答の序　　24
　　　オルコツト氏　　27
　　　英国PFOUNDES氏　　29
　　　エドウイン、アーノルド氏の法句経　　31
　　　モニエル、ウイリヤム博士の仏教論　　33
　　　信徒増加の割合　　35
　　　錫蘭に於ける宣教師　　35
　　　独語仏教問答　　35
　　　亜細亜の宝珠　　36
書信　中西牛郎氏の書簡　　38
本会記事　　41
雑件　　42
本会報告　　44
奥付　　48

海外佛教事情　第4集　明治22（1889）年11月15日（明治25年3月1日再版）

口絵　ヂヤツチ氏肖像
論説　「フデイズム」を論す（前集の続）　英国フオンデス　　1
　　　欧米に於ける仏教思想の由来を論ず　松山緑陰　　7
雑録　米国神智学会　　15
　　　印度に於ける基督教の伝道事業　　15
　　　博士マクス、ミユーラー氏の講演　　18
　　　英人ボウエル氏　　20
　　　仏教新誌の記者英人レッドビーター氏　　21
　　　西倫島僧正スマンガラ氏　　21
　　　英国博士ハクスレイ氏　　21
　　　仏教論益々多し　　22
　　　亜細亜の光及び密部仏教論　　22
　　　ウイリヤム、キユー、チヤッヂ氏　　23
　　　果して事実なるか　　23
　　　素食主義の流行　　24
書信　亜細亜の宝珠の批評及び来信の抄訳
　　　米国「オツカルト」新聞　　25
　　　マニラ府米国領事ラセル、ウエブ氏書翰　　25
　　　同氏書翰　　26
　　　米国ニウーヨルク府伝道学校内コクーン氏書翰　　28
　　　米国バスコム、ボーデス氏書翰　　29
　　　スコツトラント国ジヨンストン嬢書翰　　30
　　　英国ジヨン、ランドン氏書翰　　30
　　　米国ドクトル、イングリシ令室書翰　　33
本会記事　35
雑件　36
本会報告　38
奥付

参考資料

海外佛教事情　第5集　明治22（1889）年12月15日

論説　「ブデイズム」を論す（前集の続）　英国フオンデス　　1
　　　真理よりも高等なる宗教は決してなきものなり（セオソスト抄出）　10
　　　欧米に於ける仏教思想の由来を論す（前集の続き）　松山緑陰　　21
書信　英国倫敦フオンデス氏の書翰第一（十月四日発）　28
本会記事　35
雑件　37
本会報告　1
広告　6
奥付

海外佛教事情　第6集　明治23（1890）年1月15日

論説　一夕問答　米国エッチ、オスケーヤキッチ　　1
　　　インガソール氏言行一班（前集の続）　　13
　　　欧米に於ける仏教思想の由来を論ず（前集の続き）松山緑陰　　25
雑録　ラベター氏の言　34
　　　虚言も亦甚しい哉　34
　　　「ウェスタン、ウォッチマン」雑誌　34
　　　レベレント、ヘンリー、バン、ダイキ氏　35
　　　耶蘇の再来三人に及ぶ　35
　　　婦人の軽蔑せらるゝは基督教の致す所なり　35
　　　仏教の感化　36
　　　海外宣教会に対する外教師の評言　36
　　　インガソル氏甞て曰く　37
本会記事　39
雑件　米人パウエル氏　39
　　　外国人仏教の講義を熱望す　40
　　　仏人トロイエ氏　40

201

　　　　アーノルド氏　　40
正誤　　41
本会報告　　42
奥付

海外佛教事情　第7集　明治23（1890）年2月25日

論説　亜細亜光輝の序（抄訳）　1
　　　日耳曼語仏教問答緒言　スブハドラ、ビクシユ　　7
　　　欧米に於ける仏教思想の由来を論す（前集の続き）　松山緑陰　　11
書翰　英国倫敦フオンデス氏の書翰第一（十月十四日発）　　24
雑記　本会の龍動支部　31
　　　仏教者の信仰　　32
　　　英人レッドビーター氏　　33
　　　英国の神智学　　34
　　　アーノルド氏　　35
本会報告　　39
奥付

海外佛教事情　第8集　明治23（1890）年3月15日

論説　正理と温良とは仏教の基礎なり　　1
　　　欧米に於ける仏教思想の由来を論ず（前承）　松山緑陰　　6
雑録　印度古学の新智識　　15
書信　日耳曼人スバドラ比丘の書翰　　20
　　　英国フオンデス氏の書翰第三（一八八九年十月二十五日発）　　22
雑記　新刊英語仏教問答　　30
　　　仏の光　　30
　　　デリイ、ニウス新聞社の記者　　31

202

仏国博覧会の日本委員及びオルコット氏　　31
　　　ボーレスデーリイ氏　　32
　　　スマンガラ僧正は　　33
　　　アーノルド氏　　33
　　　北支那日々新聞の仏教論　　34
　　　印度に於ける基督教伝道の結果　　37
本会報告　　40
広告　　46
奥付

海外佛教事情　第9集　明治23（1890）年4月29日

論説　インガーソール氏の言行一班（第六集のつゞき）　　1
　　　神智学に就て　オルコット氏　　10
　　　英人ハウセット氏の演説　　14
書翰　アーノルド氏書翰（一千八百九十年二月十二日）　　22
　　　ダンマパラ氏書翰抄訳（一千八百九十年二月廿七日）　　22
　　　フィランジ。ダーサ氏書翰（一八八九年三月廿二日　米国サンタ、クルーズ府）　　24
　　　英国フオンデス氏の書翰（千八百八十九年十一月十二日発）　　27
難〔ママ〕記　　34
本会報告　　43
広告　　47
奥付

海外佛教事情　第10集　明治23（1890）年5月27日

論説　インガーソール氏の言行一班（第九集のつゞき）　　1
　　　欧米に於ける仏教思想の由来を論ず（承前）　松山緑陰　　9

　　　　仏教徒の当に為すべき所ろ　英人レッドビーター氏　　14
雑録　印度老翁の言　19
　　　　釈迦仏　20
　　　　英国の基督教の会　21
　　　　西倫仏教の状況　22
　　　　英国仏教運動　25
　　　　仏蘭西に於ける火葬の景況　29
　　　　羅馬法王教徒の火葬を禁ず　30
〔折込〕BUDDHIST PROPAGATION SOCIETY　訳文　海外宣教会（本部日本京都）
書信　英国フォンデス氏書翰　31
　　　　ダンマパラ氏書翰（四月廿八日発）　35
本会報告　39
広告　41
奥付

海外佛教事情　第11集　明治23（1890）年6月30日

論説　空之又空、虚之又虚　西倫文学士ブウルトゼンス氏　1
雑記　仏国パリ府の仏教徒　9
　　　　英国仏教の景況　12
　　　　日耳曼人龍動支部に加入す　13
　　　　オーストリヤ国ヴィエンナ府の仏教運動　14
　　　　仏教と神智学との関係　15
　　　　クリスチヤン、ユニオン　17
　　　　南米アンデス山間の仏教　17
　　　　フレーミング、スウオルド雑誌　18
　　　　鎌倉の大仏　18
　　　　学校及び犯罪　19
　　　　仏教問答　20

204

　　　　北米合衆国紐育府　　20
　　　　龍樹菩薩の事　　21
　書信　在龍動会員小林順次郎氏書翰(四月二十九日附)　24
　　　　龍動フォンデス氏の書翰　　35
本会報告　41
奥付

海外佛教事情　第12集　明治23（1890）年7月30日

論説　インガーソル氏言行一班(つゞき)　1
雑録　独国宰相カブリヴイ将軍　9
　　　外交上基督教の勢力　10
　　　悔悟するも何んぞ及ばんや　10
　　　欧州に於ける仏教の進歩　11
　　　エマーソン　12
　　　英国進化哲学の泰斗たるスペンセル　13
　　　ヘンリイ。ロバート。レイノルド　13
　　　基督教の失敗　22
　　　露国の仏教　23
　　　耶蘇は一仏教徒なり　24
　　　仏教及び基督教　29
　　　イングリッシ女史の演説　33
　　　唯物主義　37
　　　普通感情を忽にする勿れ　39
本会報告　41
奥付

海外佛教事情　第13集　明治23（1890）年8月31日

論説　亜米利加州古代の仏教徒の事　　1
　　　〔挿絵〕古代亜米利加州釈迦仏の像（バレンク宮の遺物）　　14
　　　欧州古代の仏教に就て　　21
　　　伝道的宗教と非伝道的宗教に就て　　23
　　　インガーソル氏の言行一班（つゞき）　　27
雑録　ソリ、ジョ、フイロソフイロソフイカル新聞　　35
　　　仏国仏教大会議　　36
　　　ホワイトホール、リビュー　　37
　　　スペクテートル雑誌　　37
　　　ビスマーク侯　　38
　　　世界各国火葬法の採用に決す　　39
　　　フオンデス氏日本に来らんとす　　39
　　　〔挿絵〕　釈尊成道菩提樹下之旧塔　清水晋画
　　　　　　　釈尊成道菩提樹下之新塔　清水晋画
海外佛教事情第十三集附録　仏陀伽耶大塔の記　　1
　　　　　　　　　　　　附記　　5
海外佛教事情第十二集正誤　　8
本会報告　　41
本会広告　　43
奥付

海外佛教事情　第14集　明治23（1890）年10月18日

演説　英人デーリイ、ボーレス氏の演説　　1
　　　仏教と神智学とに就ての問答　マダム、ブラバットスキイ　　5
　　　耶蘇は即ち仏者なり　　11
雑録　正直なる返答　　21
　　　ニウ、ヨルク府の仏教徒　　21

206

　　　　基督教の感化力　　27
　　　　聖書に就て某教会監督の説　　29
　　　　水に溺れんとするものは荊棘を把持す　　30
　　　　何故に此地に来らざるや　　34
　　　　古代仏教徒の事　　34
　　　　世界七大宗教の比較　　37
奥付

海外佛教事情　第15集　明治23（1890）年11月20日

論説　大小乗の別に就て　　1
　　　　現時思想の進歩（ホルトナイトリイ。リヴュー抄訳）　　8
雑録　欧洲の仏教　　15
　　　　パリ府の仏教　　16
　　　　仏国に於ける宗教上の反動　　16
　　　　パリ府海外宣教会支部に就て　　18
　　　　トルストイ伯の文学　　19
　　　　西倫仏教徒の運動　　21
　　　　仏教徒五億人　　22
　　　　仏教問答　　22
　　　　古代亜米利加州の仏教徒　　22
　　　　北米カルホルニヤ州の神智学会　　23
　　　　エドウィン。アーノルド氏と宣教師アシモーア氏　　23
　　　　伝道と酒　　25
　　　　合衆国に仏陀出現す　　25
　　　　英国教会僧徒の一人　　25
　　　　希臘亜典府の不妄語会　　25
　　　　仏及び耶蘇に就て　　27
龍動通信　会員小林順次郎氏報（八月十一日附）　　33
　　　　　普氏最近信（十月一日附）　　38

禀告　40
本会報告　　41
奥付

海外佛教事情　第16集　明治23（1890）年12月20日

論説　古代印度に於ける女権の消長を論す　　1
　　　欧州に於ける仏教思想の進歩を論ず　　17
雑録　フェノロサ氏と赤松連城師との対話　　31
　　　バロン。ヒッキイ氏の幻灯演説　　36
　　　黄金時代　　37
　　　仏国パリ府の仏教　　37
歳末の詞　　39
本会正会員に禀告す　　40
海外仏教事情第十三集本会報告中正誤　　40
海外仏教事情第十五集本会報告中正誤　　40
本会報告　　41
奥付

海外佛教事情　第17集　明治24（1891）年1月31日

論説　宗教上新運動の必要　ロテルノー氏　　1
　　　古代印度に於ける女権の消長を論ず(つゞき)　　7
　　　仏教問答　　14
雑録　仏耶両教の形勢一変す　　22
　　　ヒリピン島マニラ府米国領事が其本国の或る人に贈りたる書中に云く　　24
　　　天主教徒誣妄の説を伝播す　　25
　　　接神学者の大集会　　25

仏国の神智学会　　33
　　　西倫の火葬会社　　34
　　　開明の野蛮人　　35
　　　阿弗利加大陸将来の希望　　38
　　　反省園　　39
本会報告　　41
奥付

海外佛教事情　第18集　明治24（1891）年2月28日

論説　海外宣教の必要を論ず　　1
　　　雄氏の演説　　8
雑録　英詩訳法句経双要品　エドウィン　アーノルド氏　　25
　　　欧州人は如何にして大乗仏教を知り得たるや　　34
　　　ホッグソン氏　　34
　　　西蔵語三蔵の発見　　37
　　　支那訳三蔵の輸送　　39
本会報告　　1
本会広告　　3
奥付

海外佛教事情　第19集　明治24（1891）年3月31日

論説　仏陀の預言者出づ　　1
報知　合衆国ニウヨルク府に仏寺建立の計画あり　　13
　　　仏光新誌の紙面改良　　16
　　　雄氏の遊歴　　17
　　　西倫島仏教徒　　18
　　　美工市会　　19

雑録　教主釈尊前生物語の事　英国ライス　ダヒット　　20
　　　〔雲照和上の書翰〕　25
通信　英国サンドウィッチ発　　31
　　　印度通信　　38
本会報告　　42
広告　　45
奥付

海外佛教事情　第20集　明治24（1891）年4月30日

論説　伝教師の基督教と欧州の基督教に就て　　1
報知　仏教伝道は甚だ活溌なり　　8
　　　菜食教会の設立　　8
　　　仏教問答の反訳　　9
　　　ビルマ仏教同盟会　　10
　　　救世軍の失敗　　12
　　　仏蘭西巴黎の仏事法要　　13
雑録　美術上に於ける仏教の功果(英人ビール氏支那仏教論より抄出)　　15
　　　エドウインアルノルド氏とスマンガラ僧正との対話(アルノルド氏著印度再遊記より抄出)　　17
　　　仏入滅の事縁　　23
　　　教主釈尊前生物語の事(前号の続)　　29
通信　スペイン国マドリツッド府発　　35
広告　　39
本会報告　　40
奥付

210

参考資料

海外佛教事情　第21集　明治24（1891）年5月31日

論説　謹んで日本全国仏教主義新聞雑誌に訴ふ　1
報知　在天釈興然氏より各宗諸大徳への上書　6
　　　ビルマ僧徒の会合　7
　　　小泉了諦氏の詩一篇　8
　　　英国下院議員の仏教帰依　10
　　　印度仏陀伽耶購入件に就き　10
雑録　教主釈尊前生物語の事（前号の続）　12
通信　北米合衆国ヒラデルヒヤ府発（客月廿日附）　グリフィン氏　17
　　　仏国パリ府発（三月廿二日発）第一通信　パリ府東洋語学校教諭元吉清蔵氏　32
　　　巴黎城中の新仏光　37
広告　40
本会報告　2
奥付

海外佛教事情　第22集　明治24（1891）年7月31日

論説　東西両洋発達の源因を論じて海外宣教会に寄す　小笠原大成　1
報知　印度聖蹟仏陀伽耶回復に就て　西倫優婆塞ダンマパラ、ヘバビタラナ「ブデストより抄」　6
　　　仏陀伽耶事件彙報　18
　　　蓮華の流行　24
　　　オーストリヤ及ひゼルマン両国に於ける仏教の景況に就て　26
　　　世界の光　27
雑録　印度仏蹟巡拝紀行　英国エドウィン、アルノルド　29
〔折込〕鹿野園古塔図
通信　ビルマ国ラングン府発　ダンマパラ氏（赤松連城師宛）（五月二日附）　38
　　　西倫コロンボ府六月三日発　釈興然師（雲照律師宛）　41

211

〔図〕　興然師ヨリ今回更ニ送ラレタル仏陀伽耶縮図　　42
本会報告　1
奥付

海外佛教事情　第23集　明治24（1891）年8月31日

論説　印度に於ける仏教運動に就て　　1
報知　仏陀伽耶回復に就て　　8
　　　オルコツト氏　　8
　　　仏教問答　　8
　　　サイアム国親王　　8
　　　東洋学の流行　　9
　　　浸礼教会の牧師　　9
　　　亜米利加外国伝道会社　　11
　　　ヒツケツト嬢　　11
　　　金剛座菩提樹の事　　12
　　　印度仏蹟興復会　　16
　　　阿部宥乗師印度に赴く　　16
　　　神智学会長雄氏は仏陀伽耶興復の事に関して左の宣言書を発せり　　17
　　　仏陀伽耶大菩提会　　19
　　　又同会　　19
　　　仏陀伽耶興復会　　19
　　　マダム、ブラバツトスキイ女　　20
　　　仏教徒の記章　　22
雑録　仏教の発達　ライス、ダビツト　　24
通信　仏国パリ府発（本年六月）　神智会員　　39
特別会告　　40
本会報告　1
広告　3
奥付　4

212

〔折込附録〕仏教国地図

海外佛教事情　第24号　明治25（1892）年3月27日

海外佛教事情第弐拾四号目次
論説　海外宣教会員諸君に告ぐ　島地黙雷　　1
　　　寺院の尊厳を守れ　会員M、M、生　　8
　　　欧米に於ける仏教の進歩に就て　英人　チヤーレス、エフ、ボウエル氏　　15
　　　雄氏演説　21
雑録　自由思想　24
　　　郵便局の賊　24
　　　降雨法の実験　24
　　　二万五千弗の所得　25
　　　罪人は教会にあり　25
　　　ニウ、ヨルク、ヘラルド新聞は　25
　　　廿七万八千円の伝道費　25
　　　タ、ナヘータ会の設立　25
　　　北米合衆国の仏教伝道　26
　　　オーストリヤ国ヴイエンナ府の大学生　26
　　　印度宗教思想の形勢　26
　　　仏陀伽耶回復事業　26
　　　エピキユーラ氏とラツクランチアス氏　27
学論　宗教起源論　オキスフオルド大学講師　マクス、ミユレル氏講述　28
　　　瑜伽哲学講義　中西牛郎　35
会告　37
広告　39
奥付

海外佛教事情　第25号　明治25（1892）年4月30日

海外佛教事情第弐拾五号目次
論説　文明社会の仏教家　　1
　　　　仏教書籍館の設立を望む　　8
　　　　中央機関の発行を望む　　10
　　　　仏教女子教育の急務なるを論ず　　12
翻訳　仏教の発達（承前）　英人ライス。ダビッド　　13
　　　　仏教の開化力　　23
学説　宗教起原論　大学講師マクス。ミユーレル講述　　30
　　　　仏教の輪廻説を論す　フリーマン、クラーク説　中西牛郎訳　　36
雑録　亜氏の言　　39
　　　　北米合衆国大学及び附属書籍庫所蔵の書巻数　　39
　　　　停車場待合室に於て松山緑陰と（海外宣教会員）米人ランク氏との問答　　42
　　　　亜氏の再遊　　44
　　　　墺国貴族仏教に帰依す　　44
雑報　米国ボストン府ジヨン、ラスキン氏書翰（本年三月五日発）　　44
社告　46
広告　47
奥付

海外佛教事情　第26号　明治25（1892）年7月5日

海外仏教事情第弐拾六号目次
論説　シカゴ大博覧会に就て仏教者に望む　　1
　　　〔総合宗教論抄録〕　　6
翻訳　仏教の開化力（承前）　英人ジヨンソン　　12
学説　宗教起原論（第一講の続き）　マツクス、ミユーラー講述　　18
雑録　電気機械発明　　24

　　　　時計は羅針盤なり　　24
　　　　海外近事　　25
雑報　〔米国の有志者より海外宣教会へ宛てたる書信〕　　27
　　　　巴里府仏教学校　　29
広告　　30
奥付

海外佛教事情　第27号　明治25（1892）年8月5日

目録
論説　理想と現実　　1
演説　〔宗教普通の基本〕　　4
雑録　チカゴ大博覧会　　8
　　　　仏蹟興復の挙　　9
　　　　欧米仏教の実況　　12
　　　　仏蘭西共和政府の非宗教主義　　14
　　　　旧摩訶国女王　　15
　　　　仏国撰択宗　　16
学説　宗教起源論（第一講のつゞき）　マクス、ミユーレル講述　　17
翻訳　仏教の開化力（前承）　ジヨンソン氏　清水生訳　　27
広告　　32
特別広告　　35
奥付

海外佛教事情　第28号　明治25（1892）年9月5日

目録
論説　海外宣教の好方便　薗田宗恵　　1
雑録　自浄其意　　6

215

　　　　表裏相応　　6
　　　　渡世と仏法　　7
　　　　仏蹟興復　　7
　　　　真理の力　　10
　　　　印度仏教　　10
　　　　ソロモンの智慧　　11
新報　エルネスト、エム、ボウデン氏　　12
　　　　サイアム国の梵語学校　　13
　　　　仏教問答新著　　13
　　　　大菩提会　　13
　　　　宗教大会　　13
　　　　雄氏仏教問答　　14
　　　　各国宗教略話　　14
　　　　亜ルノルド氏　　14
　　　　亜細亜の光輝一節　中川太郎訳　　15
学説　宗教起源論（第一講の続き）　マクス、ミユーレル講述　　18
翻訳　欧羅巴に於ける仏教思想の発動　英人シネット氏　　23
通信　　26
広告　　27
奥付

海外佛教事情　第29号　明治25（1892）年10月10日

目録
論説　大乗教西漸の機運　島地黙雷　　1
雑録　梵語文学　　6
　　　　書籍発売数　　7
　　　　欧洲人評語　　8
　　　　仏蹟興復に関する問答　　9
　　　　第一根本　　11

梵語ことわざ草　晒浦居士摘訳　　12
学説　宗教起源論　マクス、ミユーレル講述　　16
通信　ビー、ウェブレイ氏書翰　米国ニユー、ヨルク府八月七日発　　20
　　　バートン氏書翰　米国ヒラデルヒヤ府八月廿日発　　21
翻訳　仏教の実力　西倫人チヤンドラ、ミトラ　　22
特別広告　　26
広告　　27
奥付

海外佛教事情　第30号　明治25（1892）年11月10日

目録

論説　原動と受動　会員古河老川　　1
　　　シカゴ大博覧会に就て　会員浜田金太郎　　4
学説　宗教起源論　マクス、ミユーレル氏講述　　9
翻訳　米国の宗教に就て　ラセル、ウッブ氏（マニラ府米国領事）　　12
新報　仏教宣布会委員　　17
　　　フランス国の仏教現況　　18
　　　スペイン国に就て　　18
　　　漢露字典の発行　　18
　　　東洋学者の集会　　18
　　　ビルミングハム府のユニテリアン　　18
　　　露国南部の仏教徒　　19
　　　亜氏の楽世主義　　19
　　　雄氏の消息　　19
　　　大菩提会　　20
　　　ダンマパラ氏　　20
　　　馬博士演説　　20
　　　英訳四十二章経　　20
　　　施本の計画　　21

217

通信　仏国パリ府発　九月七日発　　21
広告　22
奥付

海外佛教事情　第31号　明治25（1892）年12月16日

目録
歳末の辞
論説　転生及び涅槃に就て　オーストラリヤ州ホバート府ダウソン氏　　1
雑録　国際法の原素　　6
　　　哲学と宗教　　7
　　　天台山の問答　　8
　　　歳暮　エドウィン、アルノルド　　10
新報　レオン、ド、ロニイ氏　　10
　　　コロンボ府　　11
　　　英人の誓詞　　11
　　　独逸の仏教徒　　11
　　　東京大学教授　　11
　　　米国大学講師　　12
　　　迦職色迦王　　12
　　　西倫島の仏教　　12
　　　入楞伽経の反訳　　12
　　　仏蹟興復会　　12
　　　比留間有誠師　　12
　　　小林順次郎氏の通信　　13
　　　〔フオンデス氏〕　　13
　　　外山義文氏　　13
　　　世界博覧会建立式　　13
　　　仏国パリ府の開教　　13
学説　宗教起源論（第二講つゞき）　マックス、ミユレル講述　　14

寄書　大乗仏教徒の眼前に迫れる一大問題　古河老川　　20
広告　　23

海外佛教事情　第32号　1893（明治26）年1月18日

目録
新年の辞　　1
新報　仏陀の讃美歌　　3
　　　火葬法の伝播　　3
　　　英訳四十二章経の配付　　4
　　　ハワイ国ホノル、府来信　　4
　　　印度大菩提会の運動　　5
　　　普氏来朝の通知　　5
　　　外教々報一束　　5
雑録　着服と裸体　　8
　　　問答数則　　8
　　　各国条約改正に就き基督教徒の意見　　11
　　　都会の重要　　11
通信　　12
学説　宗教起源論（承前）　マクス、ミユーラー講述　　15
広告　　21
奥付

海外佛教事情　第33号　1893（明治26）年3月19日

目録
論説　第十九世紀（演説）　松山緑陰　　1
雑録　英国の仏教　　4
新報　普氏来る　　11

普氏の談話　　12
　　　西蔵国の古仏書　　16
　　　伽耶僧侶の襲撃　　17
　　　ハワイ島ホノルヽ府　　17
　　　世界大博覧会の礼拝堂　　17
　　　新板仏書　　17
　　　宗教大会の出席者　　17
寄書　海外宣教問題と日本仏教の革新　古河老川　　18
通信　〔香港居留日本人の書翰〕　　22
広告　　24
奥付

海外佛教事情　第34号　1893（明治26）年5月31日

〔チカゴ府大博覧会臨時施本ニ付至急広告（後半）〕
欧米諸国に於ける仏教上智識の進歩　　1
第十九世紀（演説承前）　松山緑陰　　10
新報　スブハドラ比丘の仏教問答　　17
　　　雄氏仏教問答　　17
　　　回々教徒　　17
　　　米国チカゴ府世界大博覧会　　17
　　　開会式　　18
　　　宗教大会発表項目　　18
　　　英語仏書施本　　20
　　　米人スツラウス氏　　20
　　　死傷四千人　　20
　　　米国アレナ雑誌　　20
　　　仏陀伽耶の兇徒　　20
　　　雄氏と仏蹟興復　　21
　　　印度仏典出版会社　　21

                東洋聖経集　　21
                西蔵語福音書　　22
                亜弗利加州の一伝教師　　22
                精神学会議　　22
                万国婦人大会議　　23
                印度国の財産家数名　　23
                会員里見法爾氏　　23
通信　　北米合衆国バートン氏書翰(本年六月発)　　23
                独乙、ミユニヒ府シュレーマン氏書翰(本年四月発)　　24
広告　　25
奥付

海外佛教事情　第35号　1893（明治26）年6月30日

目録
〔チカゴ府大博覧会臨時施本ニ付至急広告(前半)〕
世界　　松山緑陰　　1
印度国民　　9
日耳曼上流社会の宗教思想を陳べて海外宣教の実践を望む　正会員禿了教　14
雑録　米国に於ける仏教上の注意　　17
                自由思想と仏教　　20
                歴史家バックル氏の一説　　21
新報　チカゴ府支那語新聞　　23
                米国に於ける火葬　　23
                チカゴ府宗教大会に就て　　23
                会員八淵蟠龍氏の渡米　　24
                自由思想家の大会　　24
                大乗仏教大意　　24
                本会施本　　24
                第二回夏期講習会　　25

221

通信　〔カルカツタ府印度仏典出版会社書翰〕　26
　　　〔北米合衆国ニウ、ヨルク府ジヨン、サムマース氏書翰〕　26
広告　27
特別広告　30
奥付

海外佛教事情　第36号　1893年7月30日

目録
西蔵国探検の必要　能海寛　1
韋陀の攻究　古河老川　5
西蔵仏教略記　林伝治訳　7
雑録　真宗綱要　11
　　　渡米者の打合せ　17
　　　本会の施本に就て　17
広告　19
奥付

海外佛教事情　第37号　1893（明治26）年8月30日

目録
西蔵国に就ての探検　印度カルコッタ府　カンドラ、ダス氏演説　1
西蔵仏教略記（接前）　林伝治訳　4
真宗綱要（承前）　前田恵雲　8
雑録　欧米見聞一束　15
新報　日耳曼語仏書新版　18
　　　トム、ハリソン氏　18
　　　救世軍　18
　　　ベサント女　18

又　　18
　　日本仏教者渡米　　19
　　渡米仏書　　19
　　北米聖書会社　　19
　　マホメット教祖の墳墓　　20
　　ラセル、ウエッブ氏　　20
　　新聞社員とダンマパラ氏との談話(セイロン、インデペンデントより)
　　　　　　　　　　　　　　　　　　　　　　20
　　マクス、ミユーレル氏対神智学会　　22
通信　印度カルコッタ府発　本年七月四日付　会員川上貞信　　22
広告　　25
特別会告　　27
奥付

海外佛教事情　第38号　1893（明治26）年9月30日

目録
全世界の七大奇異　松山緑陰　　1
難易二道及び聖浄二門の略要　京都阿満得聞　　8
西蔵仏教略記(接前)　林伝治訳　　15
仏教者之三大義務(演説)　禿了教　　19
雑録　万国宗教大会の結果を夢む　在比叡山　豊水隠士　　21
新報　四師一居士の安着　　25
　　万国宗教大会議　　25
　　同大会議の盛況　　25
　　サイアム国皇族チヤンドルダット殿下　　26
　　西倫仏教徒公会　　26
　　神智学会大会　　27
　　チカゴ府接神学大会　　28
　　世界大博覧会に附帯せる万国大会　　28

広告　28
奥付

海外佛教事情　第39号　1893（明治26）年10月31日

目録
過去の宗制を論じて今後に及ぶ　会員菊地謙譲　1
遥に英領瓦港より九州の同志青年に寄す（国教）　八淵蟠龍　7
仏教者之三大義務（演説承前）　禿了教　11
西蔵仏教略記（承前）　林伝治訳　15
通信　米国シカゴ府九月六日発ケリイ嬢書信（海外宣教会宛）　18
　　　西倫島コロンボ港九月十二日西川楳次郎氏書翰　18
　　　米国ボストン府発グリーン氏書信（海外宣教会宛）　20
新報　万国宗教大会開会の景況　20
　　　万国宗教大会議事録　23
　　　バーロス氏開会演説　23
　　　アーサー、リリイ氏の新著　24
　　　仏蹟興復会　24
　　　ライス、ダウィト氏の仏教論　24
　　　仏国東洋学者ド、ニイ氏　25
　　　婚姻の利害　25
報告　26
広告　31

海外佛教事情　第40号　1893（明治26）年11月30日

目録
論説　宗教大会が仏教に於けるの影響　1
　　　仏教徒今日の要務　古河老川　4

224

雑録　真宗と海外宣教の関係に就き　在比叡山西塔　豊水隠士　13
通信　北米ニウ、ヨルク府発十月十日　徳義協会々長リユウィス、ジイ、ゼイムス氏　16
　　　北米ニウ、ヨルク府発十月十日　米国神智学会総理事ウィリヤム、キユー、ジャッジ氏　17
　　　北米テキサス、ワコー発十月十七日　パルピット雑誌主筆　ゼー、デー、シヨーウ氏　17
　　　仏国パリ府発　仏教宣布会々員　ヅウ、パルミエル氏　18
新報　万国宗教大会続報（九月十五日）　18
　　　大会の傍聴者　19
　　　ダンマパラ氏来朝　20
　　　大会出席者帰朝　20
　　　仏教の好勢　20
　　　ストラウス氏の帰敬式　20
　　　神智会員大会　21
広告　21
奥付

『THE BIJOU OF ASIA（亜細亜之宝珠)』総目録

THE BIJOU OF ASIA 亜細亜之宝珠
NO.1　1888（明治21）年7月20日

WHAT WE MEAN
EXTRACTS FROM LETTERS　　3
NOTICES　　7
THE BIJIOU OF ASIA　　7
REQUESTS AND ANSWERS　　8
PRECIOUS GATHAS　　9
A BRIEF OUTLINE OF BUDDHISM IN JAPAN　　9
奥付　　10

THE BIJOU OF ASIA 亜細亜ノ宝珠
VOL.1 NO.2　1888（明治21）年12月14日

CONTENTS
目録
NIRVANA, AS THE FINAL GOAL OF THE BUDDHIST
THE HIGHEST LOVE　　Belle Bush　　2
LITTLE BIJOU!　　Theodore Wright　　3
THE BIJOU OF ASIA　　3
A BRIEF OUTLINE OF BUDDHISM IN JAPAN（Continued from No 1.)　　4
PRECIOUS GATHAS　　6
LETTERS　　7
A BRANCH THEOSOPHICAL SOCIETY IN JAPAN　　9

A WRONG RUMOR   9
THE BUDDHIST PROPAGATION SOCIETY   10
The Buddhists   10
The Arab Legend   10
奥付   10
ERRATA

THE BIJOU OF ASIA 亜細亜ノ宝珠
VOL.1 NO.3   1889（明治22）年2月23日

CONTENTS
目録

A BRIEF OUTLINE OF BUDDHISM IN JAPAN（Continued from No.2）
FIN SUPREME – NIRVANA   4
DON'T   6
THE BIJOU OF ASIA   7
NEW ITEMS   7
TWENTY DIFFICULT THINGS（From the Sutra of twenty two sections）   8
THE IMAGE WORSHIP（From Shanghai Almanac）   8
奥付   8
ERRATA

THE BIJOU OF ASIA 亜細亜ノ宝珠
VOL.1 NO.4   1889（明治22）年4月22日

CONTENTS
目録
THE QUESTIONS, ASKED BY A CELESTIAL BEING（A Sutra.）　天請問経

(Translated from the Chinese original)
THE GREATEST BLESSING   2
ILLUMINATION   3
THE MAHANAMA SUTTA (Sutra)   3
THE ARRIVAL OF COLONEL OLCOTT   4
ASIATIC SOCIETY OF JAPAN   5
THE IDEA OF NOTHINGNESS   5
THE BIJOU OF ASIA   7
LIFE OF BUDDHA   7
Japanese Proverbs   8
奥付   8

THE BIJOU OF ASIA 亜細亜ノ宝珠
VOL.1 NO.5 & 6   1889（明治22）年8月29日

CONTENTS
目録
THE FIVE BENEDICTIONS (a sutra) 五大施経 (translated from the Chinese original)
THE BUDDHIST PRIESTS IN JAPAN DURING THE MIDDLE AGE   2
THE WAY OF LEARNING RELIGION   9
A BRIEF OUTLINE OF BUDDHISM IN JAPAN (Continued from No.3)   10
MIMIDZUKA   12
Ex Oriente Lux   12
JAPANESE PROVERBS   17
LIFE OF BUDDHA (continued from the last)   17
THE BIJOU OF ASIA   17
奥付   17

あとがき

　明治二十年代初頭、西本願寺の普通教校に集った若き仏教者たちは、旧態依然たる仏教の閉塞状況を打開する道を模索して、海外へと眼を向けた。欧米での仏教への関心の高まりが彼らの背中を押し、海外宣教会が組織され、世界各国の仏教者と緊密な交流を重ねられ、海外布教を目指した事業が展開されたのである。
　『龍谷大学三百年史』には、本会のことが次のように記されている。

> 凡そ上述の如き雰囲気の中に研学した本校の学生は、その気風自ら嶄新なものがあつたことは当然である。禁酒会・反省会・海外佛教宣教会其他緒会の設立と活動、『反省会雑誌』『海外佛教事情』英文雑誌『亞細亞之宝珠』等の刊行、其他本校教職員及び学生の社会的活動は洵に注目すべきものがあり、この生新の校風は文学寮・高輪大学へと伝統的に継承されてゆくのである（650頁）

　この海外宣教会は単に近代における龍谷大学の進取の伝統の源流としてだけではなく、広く仏教の国際ネットワークの源流に位置づけられるべきものである。そして、その和文機関誌『海外佛教事情』と英文雑誌『THE BIJOU OF ASIA（亞細亞之宝珠）』とは、このことを語る貴重な文献資料と言える。
　しかし、その事実は一般にあまり知られていない。その理由として、関係資料が散逸し閲覧することが困難なことを挙げることができよう。『海外佛教事情』は国内の図書館・研究機関に分散して所蔵されているが、欠本や欠頁が多く破損も著しい。『THE BIJOU OF ASIA（亞細亞之宝珠）』に至っては、龍谷大学を含め国内の図書館・研究機関で保存しているところはないようである。
　今回、国内外の研究機関やの古書店等での資料調査につとめた結果、

『海外佛教事情』と『THE BIJOU OF ASIA（亞細亞之宝珠）』との全号のデータを蒐集することができた。そこで、両誌を復刊するとともに、本書『仏教国際ネットワークの源流』を刊行することとなった。本書には、海外宣教会の活動に関わる研究論文に加え、参考資料として『THE BIJOU OF ASIA（亞細亞之宝珠）』、『海外佛教事情』の総目録も収録した。

本書には、すでに発表した論文に加筆訂正を加えたもの2篇と、新たに執筆した3篇の論文を収録している。参考までに初出の掲載誌等を以下に掲出する。

序　章　吉永進一「海外宣教会から仏教モダニズムまで」(書き下ろし)
第一章　中西直樹「海外宣教会とその時代」(書き下ろし)
第二章　吉永進一「仏教ネットワークの時代——明治20年代の伝道と交流——」(書き下ろし)
第三章　中西直樹「明治期九州真宗の一断面——通仏教的結束から世界的運動へ——」(筑紫女学園大学・短期大学部『人間文化研究所年報』第21号(2010年)所収。原題「明治期における九州真宗の一段面——九州仏教団と九州仏教倶楽部を中心に——」)
第四章　吉永進一「大拙とスウェーデンボルグ——その歴史的背景——」(『宗教哲学研究』第22号(2005年)所収)

『海外佛教事情』『THE BIJOU OF ASIA（亞細亞之宝珠）』の総目録作成にあたっては中川未来氏（愛媛大学法文学部講師）に、『THE BIJOU OF ASIA（亞細亞之宝珠）』のデータ収集には橋本順光氏（大阪大学大学院文学研究科准教授とアリス・フリーマン氏（オックスフォード大学大学院生）に協力いただいた。一言御礼を申し上げたい。

最後になったが、本書の出版をお引き受けいただいた三人社の越水治社長と、出版助成を交付していただいた龍谷大学龍谷学会には、心よりお礼を申し述べる次第である。

中西直樹

著者紹介

中西直樹（なかにし　なおき）

1961年生まれ。龍谷大学文学部教授、歴史学科仏教史学専攻。

主要編著
『日本近代の仏教女子教育』（法藏館、2001年）
『仏教と医療・福祉の近代史』（法藏館、2004年）
『仏教海外開教史の研究』（不二出版、2012年）
『植民地朝鮮と日本仏教』（三人社、2013年）
『仏教植民地布教史資料集成〈朝鮮編〉』の編集・解題（三人社、2013年）

吉永進一（よしなが　しんいち）

1957年生まれ。舞鶴工業高等専門学校教授、宗教学専攻。

主要編著
「ウィリアム・ジェイムズと宗教心理学」島薗・西平編『宗教心理の探求』（東大出版会、2001）
「大拙とスウェーデンボルグ　その歴史的背景」『宗教哲学研究』第22号（2005年）
『日本人の身・心・霊』第1期8巻、第2期7巻の編集・解説（クレス出版、2004年）

龍谷叢書35　**仏教国際ネットワークの源流**
──海外宣教会（1888年～1893年）の光と影──

2015年6月25日　初版第1刷発行
定価（本体3,000円＋税）

著　者——中西直樹・吉永進一
発行者——越水治
発行所——株式会社　三人社
　　　　〒606-8316
　　　　京都市左京区吉田二本松町4　白亜荘
　　　　電話 075-762-0368　振替 00960-1-282564

組　版——山響堂 pro.
装　幀——山田聖士
印刷所——三進社
製本所——青木製木

© Naoki Nakanishi & Shinichi Yoshinaga 2015　Printed in Japan
ISBN978-4-908147-38-8　C3015